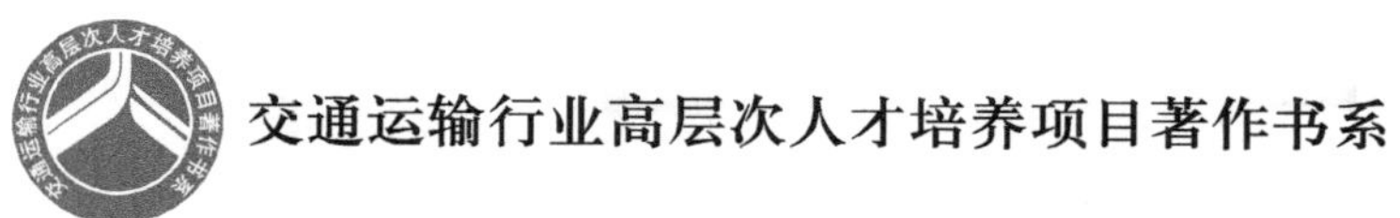

交通运输行业高层次人才培养项目著作书系

孙腾达　等　编著

综合运输信息互联互通策略研究

Research on Interconnection Strategy of Integrated Transportation Information

人民交通出版社股份有限公司
China Communications Press Co.,Ltd.

内 容 提 要

本书通过分析综合运输信息互联互通现状及需求，总结存在的问题，并选择分析了一些典型案例，总结经验，最后提出“十三五”期综合运输信息互联互通策略建议。

本书可供从事交通运输信息化建设与管理相关工作的人员参考使用，也可作为高等院校相关专业师生的参考教材。

图书在版编目(CIP)数据

综合运输信息互联互通策略研究 / 孙腾达等编著. —北京：人民交通出版社股份有限公司，2019.10
ISBN 978-7-114-15633-5

Ⅰ. ①综… Ⅱ. ①孙… Ⅲ. ①交通运输网—综合运输—管理信息系统—研究 Ⅳ. ①U113

中国版本图书馆 CIP 数据核字(2019)第 122923 号

交通运输行业高层次人才培养项目著作书系

书　　名：**综合运输信息互联互通策略研究**
著 作 者：孙腾达　等
责任编辑：牛家鸣
加工编辑：张江成
责任校对：张　贺　龙　雪
责任印制：张　凯
出版发行：人民交通出版社股份有限公司
地　　址：(100011)北京市朝阳区安定门外外馆斜街 3 号
网　　址：http://www.ccpress.com.cn
销售电话：(010)59757973
总 经 销：人民交通出版社股份有限公司发行部
经　　销：各地新华书店
印　　刷：北京虎彩文化传播有限公司
开　　本：787×1092　1/16
印　　张：9
字　　数：201 千
版　　次：2019 年 10 月　第 1 版
印　　次：2019 年 10 月　第 1 次印刷
书　　号：ISBN 978-7-114-15633-5
定　　价：60.00 元

书系前言

Preface of Series

进入21世纪以来,党中央、国务院高度重视人才工作,提出人才资源是第一资源的战略思想,先后两次召开全国人才工作会议,围绕人才强国战略实施做出一系列重大决策部署。党的十八大着眼于全面建成小康社会的奋斗目标,提出要进一步深入实践人才强国战略,加快推动我国由人才大国迈向人才强国,将人才工作作为"全面提高党的建设科学化水平"八项任务之一。十八届三中全会强调指出,全面深化改革,需要有力的组织保证和人才支撑。要建立集聚人才体制机制,择天下英才而用之。这些都充分体现了党中央、国务院对人才工作的高度重视,为人才成长发展进一步营造出良好的政策和舆论环境,极大激发了人才干事创业的积极性。

国以才立,业以才兴。面对风云变幻的国际形势,综合国力竞争日趋激烈,我国在全面建成社会主义小康社会的历史进程中机遇和挑战并存,人才作为第一资源的特征和作用日益凸显。只有深入实施人才强国战略,确立国家人才竞争优势,充分发挥人才对国民经济和社会发展的重要支撑作用,才能在国际形势、国内条件深刻变化中赢得主动、赢得优势、赢得未来。

近年来,交通运输行业深入贯彻落实人才强交战略,围绕建设综合交通、智慧交通、绿色交通、平安交通的战略部署和中心任务,加大人才发展体制机制改革与政策创新力度,行业人才工作不断取得新进展,逐步形成了一支专业结构日趋合理、整体素质基本适应的人才队伍,为交通运输事业全面、协调、可持续发展提供了有力的人才保障与智力支持。

"交通青年科技英才"是交通运输行业优秀青年科技人才的代表群体,培养选拔"交通青年科技英才"是交通运输行业实施人才强交战略的"品牌工程"之一,1999年至今已培养选拔282人。他们活跃在科研、生产、教学一线,奋发有为、锐意进取,取得了突出业绩,创造了显著效益,形成了一系列较高水平的科研成果。为加大行业高层次人才培养力度,"十二五"期间,交通运输部设立人才培养专项经费,重点资助包含"交通青年科技英才"在内的高层次人才。

人民交通出版社以服务交通运输行业改革创新、促进交通科技成果推广应用、支持交通行业高端人才发展为目的，配合人才强交战略设立“交通运输行业高层次人才培养项目著作书系”（以下简称“著作书系”）。该书系面向包括“交通青年科技英才”在内的交通运输行业高层次人才，旨在为行业人才培养搭建一个学术交流、成果展示和技术积累的平台，是推动加强交通运输人才队伍建设的重要载体，在推动科技创新、技术交流、加强高层次人才培养力度等方面均将起到积极作用。凡在“交通青年科技英才培养项目”和“交通运输部新世纪十百千人才培养项目”申请中获得资助的出版项目，均可列入“著作书系”。对于虽然未列入培养项目，但同样能代表行业水平的著作，经申请、评审后，也可酌情纳入“著作书系”。

高层次人才是创新驱动的核心要素，创新驱动是推动科学发展的不懈动力。希望“著作书系”能够充分发挥服务行业、服务社会、服务国家的积极作用，助力科技创新步伐，促进行业高层次人才特别是中青年人才健康快速成长，为建设综合交通、智慧交通、绿色交通、平安交通做出不懈努力和突出贡献。

交通运输行业高层次人才培养项目
著作书系编审委员会
2014 年 3 月

作者简介

Author Introduction

孙腾达，男，1978 年生，理学博士，成绩优异的高级工程师，现任中国交通通信信息中心研发中心副主任，曾获交通运输部 2012—2014 年度“交通青年科技英才”和 2012 年中国航海科技奖一等奖，兼任中国智能交通协会专家委员会水运专家委员会委员。先后在国内外核心刊物上发表论文多篇，主持或参与多个部级信息系统研发和多个科研项目研究工作，完成多个重大课题或咨询专项研究报告，是《交通运输信息化“十三五”发展规划》编写组成员。

前　言

Foreword

交通运输是国民经济和社会发展的重要基础。构建网络设施配套衔接、技术装备先进适用、运输服务安全高效的综合交通运输体系，是建设交通强国的重要举措，对促进经济长期平稳较快发展、全面建设小康社会具有十分重要的意义。作为衡量交通运输现代化发展水平的重要标志，交通运输行业的信息化、智能化，是推进交通运输管理创新的重要抓手，是提升交通运输服务水平的有效途径，也是推动交通运输转型发展的重要支撑。

2017 年，国务院印发的《"十三五"现代综合交通运输体系发展规划》明确提出"推进跨运输方式的客运联程系统建设，实现不同运输方式间有效衔接""加快多式联运信息资源共享，鼓励组织模式、管理模式和重大技术创新"。实现所有运输方式信息资源的互联互通是"十三五"期交通运输行业信息化建设的一项重要任务，是落实党的十九大精神，推进行政体制改革以及交通运输科学发展的创新举措。

本书从综合运输体系各种运输方式间信息资源的互联互通现状和需求出发，围绕解决各种运输方式间由于信息沟通不畅导致的衔接不顺、运输效率和服务水平不高等问题，重点研究"两类对策一项措施"，即研究多种运输方式间信息系统对接和资源共享的对策，综合运输框架下的公众出行、物流信息平台等以及多式联运等先进运输方式的信息化建设对策，并按照综合运输发展要求和各种运输方式信息特点，研究支撑两项对策的信息资源管理措施，旨在为"十三五"期综合运输信息化建设与发展提供参考。书中所指综合运输信息互联互通只涉及综合运输各种运输方式之间信息的互联互通，即公路、水路、铁路和民航之间信息的互联互通，各种运输方式内部的信息互联互通不属于本书的研究范围。

本书共 7 章，包括：绪论、综合运输信息互联互通现状及评价、综合运输信息互联互通面临形势及阶段特征、综合运输信息互联互通需求及差距分析、综合运输信息互联互通案例分析、综合运输信息互联互通策略分析、"十三五"期综合运输信息互联互通推进建议。

本书在编写过程中得到了中国交通通信信息中心的大力支持,同时也得到了中国交通运输协会、中国智能交通协会、国家发改委综合运输研究所、中国铁道科学研究院、中国民航信息股份网络公司、阿里集团高德软件有限公司、交通运输部科学研究院、交通运输部公路科学研究院、交通运输部规划研究院、北京交通大学相关专家的帮助和指导,以及马慧娟、杨雪等同志在编目、修改、审校等方面的具体帮助,对上述单位和同志一并表示衷心感谢。

作　者
2018 年 10 月

目　录

Contents

第1章　绪　　论

1.1　研究背景

1.1.1　综合运输信息互联互通的概念

交通运输是国民经济中基础性、先导性、战略性产业，是重要的服务性行业。构建现代综合交通运输体系，是适应把握引领经济发展新常态，推进供给侧结构性改革，推动国家重大战略实施，支撑全面建成小康社会的客观要求。

综合运输是指为满足国民经济和社会发展的需要以及客货用户的要求，根据国家或地区经济地理特征和各种运输方式的技术经济特点，经济合理地发展各种运输方式，并使之有机结合形成的一个分工合作、优势互补、连接贯通、布局合理的交通运输系统。

综合运输的实质是通过组合不同运输方式的优势以达到有效降低社会成本的目的，且运输距离越长降低成本的效果就越明显。理论上，任何一种运输方式都可以独立实现位移服务，但针对不同的运输需求，在不同的运输条件下，不同的运输方式有各自的成本优势。发展综合运输的意义：一是可以合理配置不同运输方式，在供给侧形成各种运输方式生产力布局合理、能力相对充足、相互匹配的交通系统，在需求侧为用户提供可供选择的空间以组合出更多的运输方案（而可供选择的空间越大，用户购买运输服务的成本也就越低）；二是能够促进各种运输方式之间有效衔接，降低“接驳”环节的成本；三是通过提高专业化、市场化的服务能力和品质，能够有效集合分散的运输需求，进一步提高运输生产效率，降低单位运输成本，取得规模效益。因此，发展综合运输、建立综合运输体系已成为包括我国在内的世界上许多国家的既定方针和目标。

经过多年建设，我国交通运输已经进入各种运输方式融合交会、统筹发展的新阶段。当前，交通运输大部制改革已初步完成，实现了公路、水路、铁路和民航等多种运输方式资源统筹。完成综合交通运输体系的构建是“十三五”时期的重要任务。

信息是贯穿综合运输体系或系统、发挥综合运输效能的神经中枢。在每一种运输方式内部，当供给和需求信息每次得以进一步贯通和应用时，运输方式内部的系统性和规模化就得以体现，效能就得到一次飞跃性提升，这在民航联网售票系统、铁路联网售票系统、公路电子客票系统出现时，都得到了很好的验证。

综合运输信息的互联互通是以每一种运输方式自身信息的互通和应用为基础，实现信息在不同运输方式之间的传输，允许任一运输方式按需共享和使用其他运输方式的信息。对于综合运输而言，综合运输信息互通和应用的程度，实际上决定着综合运输的系统化、体系化程度，决定着综合运输效应和作用体现的程度。

1.1.2　综合运输信息互联互通的意义

我国交通运输行业信息化经过了多年的建设，历经“十一五”和“十二五”两个五年计划大发展，取得了很好的成绩。“十一五”期，交通运输部按照“整合、应用、服务、效益”的发展理念，以试点、示范工程的方式，积极探索推动行业信息资源整合的思路和方法，开展了5个省级公路信息资源整合和服务工程的试点，以及25个省级公路信息资源整合和服务工程的推广。无论是部级还是地方，均建成了大量的信息系统，积累和沉淀了大量的信息资源，为交通运输行业的快速发展提供了很好的技术支撑。在“十五”八大信息工程[1]的基础上，“十一五”电子客票的普及应用成为民航信息化最大的亮点，并颁布实施了电子客票的行业标准，简化商务快速推进。而奥运信息化重点工程的建设使得民航信息化在基础设施建设、重要信息系统开发和运行、技术队伍建设和人才培训等方面取得了显著成绩，为进一步加快民航信息化奠定了基础。“十二五”时期，交通运输部坚持“资源共享、业务协同”的发展理念，提出了四大重大工程和三大重点领域示范试点工程，开展了公路水路安全畅通与应急处置系统、公路水路交通出行信息服务系统、综合客运枢纽业务协同与综合服务系统、区域物流公共信息服务平台等工程建设，积极探索跨区域、跨部门、跨运输方式的信息资源交换和共享方案。民航部门致力于拓展民航电子政务应用，继续推进简化商务和便捷旅行信息系统工程，加快新一代全球分销系统工程建设，打造航空物流信息平台，建设民航综合信息平台，建立健全民航网络与信息安全保障系统和推进综合运输信息一体化建设。

但是到目前为止，公路和水路部门相关的信息资源整合只是局限在同种运输方式下不同区域之间（如长江航运信息资源整合、长三角区域航运资源整合）或者同一区域或单个枢纽内不同运输方式之间（如地方交通主管部门的公路水路交通信息资源整合）。民航与其他运输方式的接驳联运从无到有，出现了空铁、空巴和较为成熟的海空联运，同时民航信息化建设的先进性与开放性为其与其他运输方式信息的互联互通提供了先决条件。到目前为止，涉及全国层面的所有运输方式信息资源的整合尚未真正有效开展，这与当前综合运输各种运输方式之间普遍存在的信息互联互通需求存在巨大的差距。

以铁路为例。铁路作为综合运输体系中的重要组成部分，与其他运输方式的信息互通在客运、物流、交通管理、出行服务、应急指挥等应用领域有很大的需求。在客运领域，铁路路网信息、列车开行计划等信息为其他交通方式的通道规划提供决策依据，有利于各种交通方式之间的高效接驳；在物流领域，铁路货物定位信息、货运计划等信息为实现“门到门”全程物流服务提供支持；在交通管理领域，铁路时刻表信息、正晚点信息等为其他交通方式的动态调配提供依据；在旅客出行服务领域，铁路时刻表信息、票务信息、正晚点信息等为出行者的出行计划提供支持；在应急指挥领域，铁路救援物资数量、位置信息等为应急联动提供保障。

此外，各种运输方式已建信息系统每时每刻都在产生大量的数据。当前，转型中的交通运输正面临着调整发展结构、提升发展质量的难题。各种运输方式信息的互联互通，将为交通运输行业应用大数据技术解决各种问题创造条件并带来新的思路。

2012年，国务院印发的《“十二五”综合交通运输体系规划》明确提出，“提高交通运输的信息化、智能化水平。加强协调，推进综合交通运输公共信息平台建设，逐步建立各种运输

[1] 八大信息工程包括全球分销系统、电子客票、离港系统、电子政务、网络基础设施、空管信息系统、航空公司和机场信息系统、中航油ERP。

方式之间的信息采集、交换和共享机制”。经过五年的努力,各种运输方式的信息化、智能化水平得到了显著提高。在此基础上,2017 年 2 月,国务院印发了《“十三五”现代综合交通运输体系发展规划》,进一步明确了综合运输发展和信息化技术应用的发展目标,要求“综合衔接一体高效:各种运输方式衔接更加紧密,重要城市群核心城市间、核心城市与周边节点城市间实现 1 ~2 小时通达。打造一批现代化、立体式综合客运枢纽,旅客换乘更加便捷。交通物流枢纽集疏运系统更加完善,货物换装转运效率显著提高,交邮协同发展水平进一步提升”;要求“智能技术广泛应用:交通基础设施、运载装备、经营业户和从业人员等基本要素信息全面实现数字化,各种交通方式信息交换取得突破。全国交通枢纽站点无线接入网络广泛覆盖。铁路信息化水平大幅提升,货运业务实现网上办理,客运网上售票比例明显提高。基本实现重点城市群内交通一卡通互通,车辆安装使用 ETC 比例大幅提升。交通运输行业北斗卫星导航系统前装率和使用率显著提高。”

因此,实现所有运输方式信息资源的互联互通是“十三五”期交通运输行业信息化建设的一项重要任务,是落实党的决策部署,推进行政体制改革和政治体制改革以及交通运输科学发展的创新举措。

1.2 研究目标

本书通过对综合运输信息互联互通现状和需求的深入分析,梳理出当前综合运输信息化典型需求,并据此明确符合“十三五”期综合运输发展趋势的综合运输信息互联互通发展目标;提出具有可操作性的能切实促进综合运输信息互联互通和共享共用的一系列策略集及相关保障措施,为“十三五”期综合运输信息化的建设与发展提供参考。具体如下:

(1)深化细化当前公路、水路、铁路和民航信息化建设情况以及各运输方式之间信息互联互通的现状和需求,从政府和市场两个维度详细分析总体需求及其迫切程度,了解相关需求的驱动力和阶段性特征;并通过分析比对,发现存在的差距和问题。

(2)针对问题产生的根源,从技术和体制机制等方面研究综合运输信息互联互通策略,提出符合当前综合运输信息化现状和“十三五”期综合运输发展特征,并能切实促进综合运输信息互联互通的具体策略及保障措施。

1.3 主要内容

本书的主要研究内容及其相互之间的关系如图 1-1 所示,分为绪论和主体两部分展开,主体内容包括 6 章。其中,第 2 章和第 3 章是现状研究,主要研究了国内外综合运输各运输方式之间信息互联互通相关系统或平台、标准规范、体制机制及法律法规等的建设和应用情况,并从不同层面梳理了综合运输信息互联互通存在的问题和原因,分析了我国综合运输信息互联互通面临的形势及阶段特征;第 4 章是需求分析,主要研究了综合运输信息互联互通的需求驱动力及具体需求,并系统梳理了综合运输信息互联互通现状和需求之间存在的差距;第 5 章是案例分析,调研分析了省级层面和城市层面在推进综合运输信息互联互通工作中的一些典型案例,并总结发展过程中遇到的主要问题及值得借鉴的经验做法;第 6 章和第 7 章是策略研究,从开展应用示范、统一标准规范、健全体制机制等方面提出“十三五”期综合运输信息互联互通的推进策略建议。

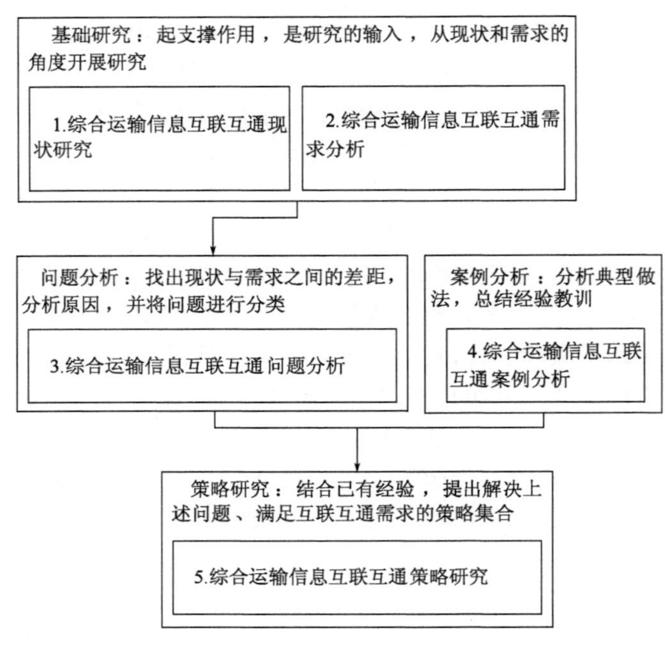

图 1-1　主要研究内容及其相互关系

第2章　综合运输信息互联互通现状及评价

2.1　国内综合运输信息互联互通发展现状及评价

由于历史和体制的原因，我国传统的交通运输采取条块分割、各自为政的发展模式。尽管公路、水路、铁路和民航各自在信息化建设方面取得了很好的成绩，但是综合运输的信息化仍然处在初级阶段，各运输方式已建信息系统相互独立、自成体系，互联互通的机制并未形成。下面从应用现状、标准与技术现状、体制机制现状三个方面进行阐述。

2.1.1　应用现状

本书针对综合运输信息互联互通应用现状的研究：首先对公路、水路、铁路、民航四种运输方式各自的信息化情况进行简单梳理，统计现有的信息系统及其功能；然后再梳理两种运输方式之间联运业务的发展情况，并结合案例分析联运业务信息互联互通状况；最后研究综合多种运输方式的信息互联互通建设现状，逐步递进，为后续的形势分析及策略的提出奠定基础。

2.1.1.1　各运输方式信息化应用现状

1）公路水路信息化应用现状

公路方面，“十二五”期间，公路信息化建设取得了显著成就：路网运行管理方面，以公路基础数据为基础，初步形成了计划、养护、路政等业务部省市三级联动应用局面；道路运输管理方面，运输管理、运政管理等业务实现广泛信息化，运输市场行为监管、客运安全保障水平日益提高；客货运便捷服务方面，公路出行信息服务、客货运综合运输信息系统、客运联网售票、物流平台等相关业务应用系统正逐步推广建设。当前，公路运输领域已建的主要信息系统如表2-1所示。

公路运输领域已建的主要信息系统　　表2-1

分类	系统名称	主要功能	主要数据
路网运行管理	公路地理信息系统（公路基础数据库/GIS）	针对公路、桥梁、隧道、涵洞等基础设施的地理信息自动化管理服务	基础设施基本数据（编号、类型、位置、方向、管理单位等）、基础设施技术指标数据、道路附属设施信息、电子地图数据等
	桥梁、隧道信息管理系统	桥梁、隧道等基础设施信息管理、分析、预警	基础数据、技术状况数据、分析预警数据
	公路养护管理系统	公路基础设施养护业务信息管理、分析、决策	基础设施技术状况数据、养护数据、统计分析数据等
	公路养护投资计划管理系统	养护投资计划信息管理	养护计划数据、统计分析数据等

续上表

分类	系统名称	主要功能	主要数据
路网运行管理	公路建设项目信息管理系统	建设项目过程管理	建设项目信息、监督管理信息等
	国家公路网交通情况调查数据采集与服务系统	实现对全国公路网重要节点、路段的交通量数据自动采集、管理及分析	公路基础数据、交通流量数据、车型分类数据、统计分析数据等
	公路信息资源整合与运行监测系统	实现公路行业信息资源整合及路网运行监测管理	基础设施数据、行业管理数据、交通量调查数据等
道路运输管理	危险货物运输监控系统	危险货物及运输车辆监控	车辆位置数据、车辆状态数据、报警数据、危险货物数据等
	道路运输安全监管系统	运输行政许可审批、行政处罚、市场监管	运输企业数据、车辆数据、审批数据、处罚数据、收费数据、统计数据等
	道路运输管理信息系统	运输车辆、驾驶员信息管理	车辆数据、车辆综合检测数据、人员数据、年审数据、费用数据等
	公路路政管理系统	路政业务信息管理	案件信息、处置信息、统计分析数据等
	道路运政管理信息系统	实现客运线路管理、普通货运管理、危险货运管理、客运站场管理、营运客车类型划分及装备等级评定管理、运政执法管理等	运输企业人员信息、客运线路数据、运输车辆数据、行政审批许可数据、执法数据等
	重点营运车辆联网联控	“两客一危”车辆运行监管	“两客一危”车辆归属信息、位置数据、车辆状态数据、报警数据等
	客运监控系统	客运枢纽、车辆监控管理	客运车辆数据、车辆运行实时数据、客运数据等
	治超信息管理系统	超限超载车辆信息管理	超限超载车辆数据、人员数据、统计数据等
客货运便捷服务	综合客运枢纽管理与信息服务系统	实现综合客运枢纽多方式运输信息共享、管理及服务	多种运输方式客运量、线路数据、时刻表数据等
	港口集装箱多式联运信息服务系统	实现集装箱多式处理、信息服务、联运管理等	集装箱信息、多运输方式运行信息、联运信息等
	公众出行信息服务系统（中国公路信息服务网）	公路路网出行信息服务	路网数据、突发事件数据、服务信息等
	高速公路联网（不停车）收费系统	电子收费、信息管理	车辆数据（流量、车型）、收费数据等

续上表

分类	系统名称	主要功能	主要数据
客货运便捷服务	客运联网售票系统	客运售票	客运班次、岗位数据、售票数据等
	省级物流公共信息服务平台	实现物流公共信息交换共享、货物跟踪管理、运输交易撮合等	货物数据、载运工具信息、企业信息、人员信息、信用信息、运输实时信息等
	物流信息平台	提供物流信息服务	货物数据、运力数据、企业基本信息、信用数据、交易数据等

目前在建公路信息系统清单如表 2-2 所示。

公路运输领域在建信息系统　　表 2-2

系统名称	主要功能	主要数据
公路水路安全畅通与应急处置系统（公路路网运行监测与应急处置平台）	公路水路基础设施运行监测、路网管理、应急指挥调度、决策支持	基础设施运行实时监测数据、应急预案、路网运行分析数据等
高速公路交通广播系统	实现高速公路广播信息服务，国家级播控平台具有直播功能，省级路网中心具有分控功能和插播功能	高速公路基础数据、突发事件信息、气象信息、各类服务信息等
公路水路交通建设与运输市场信用信息服务系统	基础设施建设与运输市场信用信息采集、监管、服务	交通建设及运输企业基础信息、信用信息、统计信息等
交通运输经济运行监测预警与决策分析系统	交通运输行业统计信息采集管理、数据分析、决策支持	交通基础设施规模、投资计划完成情况、交通运输企业、运输量等各类统计信息及分析数据

水运方面，“十二五”期间行业信息化建设成果主要包括以下几个方面：

一是建成了水运建设项目动态管理信息系统。建设了全国水运工程建设市场信用信息管理系统、水运工程与交通支持系统工程综合评标专家库管理系统、全国水运建设项目（招标备案、开工备案）管理系统、水运建设及交通运输支持系统建设项目管理平台，对水运工程建设市场的从业企业、从业人员、建设项目、评标专家基本信息等进行分类汇总管理，实现了评标专家的远程抽取和业务评估，支持水运工程和交通支持系统工程建设项目招标文件备案、资格审查结果备案和评标结果备案的异地网上报备，实现水运建设项目动态管理。上述系统的建设，有利于全面掌握、了解、分析水运建设项目的动态情况，提高各级交通行政主管部门的科学决策、宏观调控和行业监管能力，确保水运快速健康有序发展。

二是完成了水路运输管理信息系统建设。建设了国内国际水路运政管理信息系统等，实现对全国范围内水路运输（服务）企业、船舶、班轮航线、从业人员等信息的采集和统一管理，为水路运输（服务）企业或个体（联户）和各级航运主管部门提供统一的业务处理平台，实现水路运输业务网上办理与审批，为规范国内水路运输市场管理提供数据支持，也为各级航运主管部门和社会公众提供数据信息服务。

三是开展了港口与航道管理信息化建设。提出了“智能航道”的概念，在原有数字航道基础上，通过融合处理与深度挖掘，动态发布航道有关信息，实现航道规划科学化、建养智能化、管理现代化，为航运企业运输决策、船舶航行安全、海事监管、政府水上应急等提供全方位、实时、精确、便捷的服务。先后开展了数字长江、数字清江、数字黄河、数字海河等几大流域的信息化建设工作以及珠江三角洲、长江三角洲、长江干线和京杭大运河的智能航道建设。通过全国港口管理信息系统建设，初步实现了天津等 11 家省级港口管理信息系统中港口经营业务模块的连接。建设了三峡船闸视频监控图像网络传输系统，通过互联网将三峡船闸部分视频监控图像传输到交通运输部，为三峡区域水路交通突发事件决策指挥提供科学依据和技术支撑。

四是建设了水运经济运行分析系统。通过收集我国主要港航企业生产快报数据、生产调度信息，开展全国性的水路运输生产统计；在整合水运生产、运输市场等信息的基础上，通过数据分析，掌握我国水路运输市场、水路运输生产相关情况，为水路运输宏观管理和领导决策提供支持，也为港航企事业单位把握形势、开拓市场提供信息支撑。

五是海事业务管理信息化水平不断提高。交通运输部海事局统一开发了船舶、船员、通航、应急等主要业务系统，基于这些业务系统，积累形成了海事业务数据库，提高了海事系统的业务办理效率，提升了海事管理水平。水上 ETC 利用物联网和现代通信技术打造高效、安全的内河船闸便捷过闸系统；水上不停船执法、电子巡航、船舶协同监管与信息服务系统等示范工程通过整合现代通信技术，对通航秩序进行动态管理，有效提升海事水上安全监管能力和信息综合服务水平。

六是开展水运信息服务平台建设。全国交通电子口岸公共信息服务平台的建设为运输和物流企业以及相关利益方提供准确、高效的信息服务，促进国际运输和物流便利化。航运物流公共信息平台通过与港航企业物流平台、港航管理单位信息平台、沿江区域物流平台及其他行业物流平台、多式联运物流平台的互联互通，互为补充，实现数据交换和共享，提供涉及航运货、船、人的完整的物流信息。搭建现代化的物流信息公共服务平台，面向行业和政府提供高效、周全、优质的物流服务。

水路运输领域已建信息系统总体情况见表 2-3。

水路运输领域已建信息系统总体情况 表 2-3

分类	系统名称	主要功能	主要数据
水运建设管理	全国水运工程建设市场信用信息管理系统	对水运工程建设市场的从业企业、从业人员、建设项目进行管理	水运工程建设市场的从业企业、从业人员、建设项目基本信息
	水运工程与交通支持系统工程综合评标专家库管理系统	实现了评标专家的远程抽取和业务评估	评标专家基本信息
	全国水运建设项目（招标备案、开工备案）管理系统	项目招标文件、资格审查结果和评标结果的异地网上报备	水运工程和交通支持系统工程建设项目招标文件、资格审查结果
	水运建设及交通运输支持系统建设项目管理平台	实现水运建设项目动态管理	水运建设项目信息

续上表

分类	系统名称	主要功能	主要数据
水路运输管理	国内水路运政管理信息系统	为水路运输（服务）企业或个体（联户）和各级航运主管部门提供统一的业务处理平台，实现水路运输业务网上办理与审批	全国范围内水路运输（服务）企业、船舶、班轮航线、从业人员等信息
	国际水路运输信息管理系统		
	海峡两岸航运网上行政许可系统		
	水路运输信息核查系统	向全国各级港航管理部门提供船舶及相关企业资质、诚信信息的查证，并通过相关信息比对，对船舶违章经营行为进行核查	水路运输相关资质、海事船舶登记及船舶进出港签证、企业经营及船舶营运违章等信息
	水路运输信息查询服务系统	提供信息查询和信息定制服务，为港航企业、货主（货代）组织生产提供信息支持	运输生产、运输管理等相关信息
港口与航道管理	全国港口管理信息系统	实现了天津等 11 家省级港口管理信息系统中港口经营业务模块的连接，以及在部省之间开展外商投资港口经营人备案等业务应用	港口、港区、码头、泊位、装卸机械、仓库堆场、港口经营人、港口经营许可资质等信息
	三峡船闸视频监控图像网络传输系统	对三峡区域水路交通突发事件决策指挥提供科学依据和技术支撑	三峡船闸部分视频监控图像
经济统计分析	水运生产快速统计系统	开展全国性的水路运输生产统计	主要港航企业生产快报数据、生产调度信息
	水运综合运行分析系统	为水路运输宏观管理和领导决策提供支持，也为港航企事业单位把握形势、开拓市场提供信息支撑	水运生产、运输市场等信息，我国水路运输市场、水路运输生产相关情况
海事管理	海事相关业务系统	实现对船舶、船员、通航、应急等主要业务的统一管理	船舶、船员、申报员、船载货物、码头、过驳作业点、施工作业管理、航行警告等海事业务管理信息
	长江海事船舶协同监管与信息服务系统	实现长江海事业务流程优化、局内跨业务协同、局外跨区域业务协同，提高长江海事水上安全监管能力和信息综合服务水平	执法信息

续上表

分类	系统名称	主要功能	主要数据
信息服务平台	全国交通电子口岸公共信息服务平台	为运输和物流企业以及相关利益人提供准确、高效的信息服务，促进国际运输和物流便利化	货物、船舶信息
	长江航运物流公共信息平台	实现共建单位之间公共信息资源的交换与共享	涉及长江航运货、船、人的完整的物流信息
	西部港口物流枢纽信息服务平台	搭建现代化港口枢纽物流信息公共服务平台，面向行业和政府提供高效、周全、优质的物流服务	港口物流相关企业、行业和政府相关行政主管部门信息

根据交通运输部规划研究院提供的数据，公路水路信息系统建设方面，截至2013年底，交通运输部共批复立项重大工程48项，其中，公路水路安全畅通与应急处置系统20项，公路水路出行信息服务系统2项，公路水路交通建设与运输市场信用信息服务系统10项，交通运输经济运行监测预警与决策分析系统16项；共批复立项各领域示范试点工程56项，包括综合运输协同服务类项目13项，区域物流公共信息服务类项目2项等。

2）铁路信息化应用现状

自2005年《铁路信息化总体规划》颁布实施以来，铁路信息化基本遵循总体规划的指导，围绕运输组织、客货营销和经营管理三大领域开展建设，实现快速发展，取得较大成绩。

信息基础设施建设不断加强。铁路信息网络覆盖了18个铁路局所有干线，延伸到车间、工区，承载了铁路大部分信息系统应用。

健全完善了铁路网络和信息系统的安全保障策略，实现安全生产网、内部服务网和外部服务网三层不同安全区域的隔离，强化了铁路网络与信息安全的各项防范措施，开展了信息安全等级保护工作。

铁路信息化管理体系初步建立。铁路信息系统建设、开发、维护规范化程度有一定提升。信息系统建设、运行维护经费保障措施逐步加强。部分部门根据总体规划分别制订了专项规划，指导专业信息化建设。

应用系统建设是铁路信息化的核心内容。按照铁路信息化的需求及目标，结合智能铁路建设的愿景，立足战略支持型信息化建设导向，围绕运输组织、客货营销和经营管理三大领域建设了一大批信息系统，涵盖了铁路的主要业务范围和业务工作，是对铁路运输日常业务的基础支撑。

在2005年颁布的《铁路信息化总体规划》中，规划了三大领域、38个信息系统。后期建设基本按照规划思路展开，由于业务实际进行了调整，车流推算与调整、审计管理等个别信息系统并未按照预期开展建设。铁路已建信息系统如表2-4所示。

铁路已建信息系统 表2-4

分类	系统名称	主要功能
运输调度指挥	运营调度指挥系统TDCS	列车调度的计算机管理与指挥
	计划调度管理系统OPMS	计划、机车、货运等调度的计算机管理。2008年底,计划调度管理系统(OPMS4.0)正式命名为运输调度管理信息系统(TDMS),并在全路推广实施
	调度集中系统CTC	列车调度计算机集中控制与指挥
	客运专线运营调度系统	纵向由国家铁路局调度指挥中心、调度所、基层站段组成,主要包括调度管理、CTC和PSCADA。涵盖营销计划编制、车辆调度管理、维修调度管理、客服调度管理、货运调度管理、调度集中、供电调度管理等功能
运输生产组织	行车组织策划系统TOPS	列车运行图、列车编组计划的编制、管理及信息服务
	编组站综合集成自动化系统	编组站生产过程控制和信息管理
	货物运输管理系统FTMS	对确报、调度、货运、制票、车号自动识别、货运营销与生产管理、车站管理等信息系统进行全面整合,实现国家、铁路局、站段货物运输生产信息动态管理和全流程实时透明,实现铁路货物运输组织全过程信息化
	旅客运输管理系统PTMS	客运规章、质量、安全等管理,客运组织及客运站、段管理等
	专业运输管理系统STMS	实现计划编制、货运受理、承运制票、货物装车、途中技术作业、货物卸车、到达交付等运输生产全过程信息化
	车号自动识别系统ATIS	自动采集机车、车辆相关信息
运输安全	专业安全监控系统TOSMS	自动采集机车、车辆、线路、桥隧、信号、电网等监测信息,实现集中监控、预警,提供安全信息综合分析及决策支持
	安全监督管理信息系统	共享共用铁路安全检测监测信息,实时监测铁路安全生产动态,建立安全监测监控信息平台和行车安全数据综合分析评估系统,提升铁路运输安全检测监测自动化、智能化水平
	防灾安全监控系统	自动采集风、雨、雪、异物侵限、地震等监测信息,实现集中监控、预警,提供安全信息综合分析及决策支持
	应急平台系统RCS	针对自然灾害、事故灾难、公共卫生、社会安全四类突发事件,提供应急值守、资源管理、预案管理、应急指挥、模拟演练、总结评估等功能
	信息系统综合监控平台	全路信息系统机房监控、设备、业务、环境监控等
客运营销与服务	铁路客户服务中心系统	提供网站、手机、语音、移动终端等信息接入手段,为旅客和货主提供便捷化、个性化、多渠道的服务手段,发布铁路运输能力和客货运输产品、多元化经营产品信息,推动铁路客货服务从传统方式向电子商务转型
	铁路电子支付平台	为铁路客户提供互联网、银行业务终端(POS)、语音电话、手机WAP等多渠道、多手段服务以及铁路电子交易处理和在线资金结算电子商务服务,满足客票系统、中铁银通卡、货运电子商务系统集中统一的电子支付需求

续上表

分类	系 统 名 称	主 要 功 能
客运营销与服务	客票系统 TRS	提供票务服务、营销决策、客运管理等功能，为实现旅客便利、快捷、人性化的出行服务和售票组织、收入、统计、清算等管理的数字化、智能化提供重要支撑和保证
	旅客服务信息系统 PTSS	提供客运站信息自动广播、导向、揭示、监控等，以及列车旅客服务、站车客运信息无线交互应用
	客运营销辅助决策系统 PMDS	客运市场调查与预测、客运产品开发与设计、定价策略、经济评估等
货运营销与服务	货运电子商务系统（货运服务系统）	实现铁路客户运输及物流需求的自动受理、交易的智能处理、信息的实时反馈，提供“门到门”现代物流服务
	货运营销及运力配置系统 FMCOS	货运计划、技术计划管理，空车优化配置、路网整体使用效率和效益最大化等
	物流管理信息系统	实现接取、装卸、仓储、包装、加工、配送的一体化管理，提供物流追踪服务，实现“门到门”的物流服务
建设管理	建设管理系统 CMS	工程质量、施工安全、投资控制等工程项目信息化，隧道、桥梁、路基、轨道等铁路建设主体数字化，建设覆盖铁路工程项目建设全过程以及覆盖铁路工程项目全体参建单位的工程项目信息系统，建成工程实施、建设管理和铁路运营管理有机衔接的铁路建设管理系统
办公信息管理	电子政务系统 EGS	围绕信息公开、网上办事、政民互动等业务领域，优化国家铁路局政府网站功能。建立健全铁路电子政务建设和应用
	办公信息系统 OMIS	全路电子公文的收发文件管理、公文督办、档案管理、会议管理、政策法规、规章标准的网上自动化管理
	公安管理信息系统 PSMIS	铁路公安地理信息管理、警衔管理、指纹识别、刑事案件管理、站车治安管理等

铁路近期拟建信息系统如表 2-5 所示。

铁路近期拟建信息系统 表 2-5

分类	系 统 名 称	主 要 功 能
运输调度指挥	车流推算与调整系统 CFCRS	准确预测全路车流的变化，实时动态掌握运用车分布，科学合理调整重空车流
货运营销与服务	货运营销辅助决策系统 FMDS	车流径路优化、货运市场预测分析、货运产品开发与设计、运价调整、经济评估等
	货运多元化经营管理系统	实现物流网络布局和产品结构的优化，提供跨局跨系统的物流信息交换和共享，实现跨局经营

续上表

分类	系统名称	主要功能
决策支持	决策支持系统 DSS	建设铁路数据仓库，为铁路各级管理者提供决策所需信息，实现个性化、专题化决策支持
基础平台	铁路信息共享平台	铁路信息资源的交换共享及综合分析平台，以实现铁路信息资源共享为出发点，以提高信息资源开发利用水平，为管理决策提供支持和服务为目标
	铁路公用基础编码平台	为全路各业务信息系统提供统一的公用基础编码、运输基础信息服务
	铁路地理信息平台	以 GIS 为核心，为铁路各类业务应用提供统一的空间信息服务

面向系统间的信息共享方面，铁路建成了铁路客户服务中心、旅客服务系统、安全监督管理系统、T/D 结合以及运输信息集成平台等的共享库，在全路统一的信息共享平台建成之前，较好地满足了各局部领域较紧迫的信息共享需求。

3）民航信息化应用现状

民航业作为我国信息化建设与世界接轨最快的行业之一，正在打造新一代民航航空运输系统，包括机场系统、空管系统、综合性公共信息网络平台、安全管理系统、气象系统等多个方面，民航信息化将成为新一代系统的重要技术支撑。

（1）民航信息化网络基础设施初具规模

民航信息化网络基础设施承载着行业运输业务数据的传输，是民航信息系统安全高效运行的基础平台，中国民航基本形成了以空中交通管理服务的空管数据通信网和为航空运输服务的商务通信网为骨干的两大专用通信网络，为民航信息系统建设提供有力的支撑。

空管通信网络以自动转报、分组交换和卫星通信为主，连接全国各地区管理局和主要航站，覆盖所有国际航路和国内干线航路，承担空中交通管制、航空气象与情报、飞行计划与动态、综合管理等业务传输和国际数据交换服务。商务通信网覆盖我国内地近 300 个主要城市、香港特别行政区、澳门特别行政区和 80 个国外城市。

（2）行业核心业务系统蓬勃发展

民航行业内业务信息系统快速发展，订座系统、代理人分销系统、货运系统、收益管理系统、结算系统不断实现用户扩充和系统升级。航空企业信息化覆盖离港、飞行、到港、市场销售、服务等业务流的各职能环节，提高了企业管理水平和市场竞争能力。

（3）机场信息化进入新的发展阶段

我国民航机场信息化建设正在从运营信息化向管理信息化发展，逐步展开机场的数据整合，通过数据服务系统把机场各系统中分散的数据整合起来，为提升机场管理信息化的水平打下基础。随着首都 T3 航站楼等一批现代化机场设施投入使用，机场在值机服务、数据分析、安全检查、行李托运、航班旅客信息管理等方面的服务水平不断改善。

（4）民航电子政务成效显著

中国民航局及七大地区管理局政府网站成为民航电子政务的门户网站，实现了政务公开、行政许可、网上申报、在线审批、出行服务等功能。同时，各部门办公自动化系统日益完善，建成各部门内部共享的信息综合应用平台，融合电子政务、运输管理、生产调度、电子公文各系统，成为民航各级主管部门和人员进行生产管理和经营决策的重要工具，提高了行业管理决策的科学性、及时性、有效性，改善公共服务质量和政府服务能力，同时通过互联互通、资源共享、无纸化办公，降低民航政务的行政管理成本。

(5)民航电子商务呈现无限生机

民航电子客票的普及使民航信息化迈上了新台阶，有力促进了国内简化商务的发展，为航空公司直销和海外拓展带来机遇。电子客票系统与航空公司的订座系统、运价系统、离港系统、财务系统、结算系统、常客系统和银行支付系统等多个计算机系统直接相连接。通过信息化平台，民航旅客可以轻松实现网上订票、网上支付、自助值机、自选座位、里程累计等服务，从而切身体验信息化所带来的现代化交通服务。

民航已建信息系统如表2-6所示。

民航已建信息系统 表2-6

分类	系统名称	主要功能
民航座位预订及销售	航班查询系统AV	基于OD及航班号的航班时刻及实时状态查询
	航班预定系统BKG	旅客座位预订和旅客订座记录(PNR)实时查询
	运价计算系统	包括运价搜索Shopping和运价计算Pricing，通过接口平台获得国内及国际运价数据，计算运价
	票证处理系统DOC	航空公司空白票证管理，电子客票、行程单打印，电子杂费票据管理
航班及附加服务控制	航班控制系统ICS	自动建航班、航班库存管理、代码共享、附加服务库存控制，航班动态查询、操作历史查询等
	附加服务系统EMD	航空附加服务的库存控制及管理
	收益漏洞整合系统RI	整合航空公司收益漏洞，提升航空公司收益
	旅客管理系统CSM	实现常旅客的自动识别、常旅客校验、常旅客快速入会等功能，并提供航空联盟的高端旅客服务
	座位管理系统SEAT	航班机型和座位号的管理和控制；航班变更时的座位号重新分配等
	旅客保护系统REACT	非旅客自愿航班变更时，对旅客座位、座位号及其他附加服务的保护，并通知旅客
离港控制	旅客离港控制系统DCS	旅客的值机、登机等服务
	配载平衡系统LDP	货运接口平台，配载平衡，集中油量控制，同步配载机组系统等
	机场信息管理系统	机场旅客行李管理、机场建设费管理等
信息基础平台	航空公司业务前端系统ALC	航空公司业务前端和销售前端
	机场业务前端系统APG	机场离岗前端，各航空公司个性化离港前端
	应用监控管理平台TAM	系统运行维护监控平台
	C环境后台交易平台TOSF	C环境后台交易平台TOSF
	JAVA交易运行平台JCF	JAVA交易运行平台
	服务整合平台TSI	报文转发平台、FTP数据传输平台，主机通用服务扩展等
	共享服务系统UTL	实时的数据服务、主数据管理和共享服务

续上表

分类	系统名称	主要功能
民航货运	航空公司货运生产系统	实现航空公司与代理人、货站、海关、其他合作伙伴等物流参与者的无缝连接，实现信息交互、数据流转，保障货运各环节的业务操作
	机场货站货运生产系统	为货站提供场内仓储物流的核心业务操作和管理功能，覆盖国内国际进出港、中转、计费、仓库、集控管理等核心业务，几乎涵盖了全部货站业务岗位和操作点
	航空物流信息服务平台	为航空物流参与者与监管者提供一站式、行业级的应用与服务
民航电子政务	民航内网综合办公系统	民航各级行政机关统一的办公平台，上下联动，提升民航局与管理局、监管局之间的公文和信息沟通
	专用业务系统	建成了数字民航生产统计系统、航空安全综合管理系统、民航安保信息系统、固定资产投资项目管理信息系统、财务管理信息系统、飞行标准监督管理系统等一批重点信息系统
机场运行	机场运营管理系统 AODB	提供各项航班保障工作的自动调度，全面实现机场工作流程的合理化和自动化
	航班信息显示系统	值机引导显示、到港航班动态显示、值机柜台显示、中转柜台显示、登机引导显示、登机门显示、登机等待显示、行李提取引导显示、行李提取显示、行李分拣显示、行李搬运显示等
	公共广播系统	消防紧急广播与机场业务合二为一的广播系统，在平时作为机场业务广播使用，在有火灾报警信号时，切换为消防广播使用
	机场工程地理信息系统	构建机场建设与管理的各项 GIS 应用
	综合布线系统	为信息弱电系统预先设置的信息及数据传输通道
	网络系统及网络安全系统	是机场信息弱电系统的基础通信平台，支持信息弱电系统所有基于网络的功能和业务
	安全防范系统	综合考虑机场的特点、需防范的区域和需防范建筑物具体的结构、布局和功能，设置不同的防范系统
	停车场管理系统	实现迅捷的车辆引导，准确的车辆识别及收费管理
	围界入侵检测报警系统	通过多种感知手段的协同，对翻越和破坏围界等入侵行为及时发出报警和警告，实现对入侵目标的监测和预警，以达到及时处置和防范的目的
	信息集成系统	提供一个信息共享的运营环境，使各信息弱电系统均在信息集成系统统一的航班信息之下自动运作
	安检信息管理系统	跟踪确认各种旅客信息，为机场各安全检查相关单位提供多方面的信息服务和有效的支持联防手段，同时满足机场安检部门的业务人员管理需求，特别是满足机场安检流程的需求

根据民航信息化发展战略和中国民航局近几年的工作任务说明，民航拟建信息系统如表 2-7 所示。

民航拟建信息系统 表 2-7

分类	系统名称	主要功能
民航电子政务	机场运行安全监管系统	及时了解和分析机场运行态势，加强对机场运行的日常监管
	民航安全保卫信息系统	实现威胁预警及风险评估，进一步健全以情报信息为导向的安保工作机制
	综合统计信息系统	进一步推动现代信息技术与统计工作和民航价格管理工作的融合
	电子政务应用系统平台	加强数据资源整合和综合分析利用，优化内部流程，建立连通民航局、地区管理局和安全监察管理局的民航电子政务平台
民航行业决策	民航行业综合决策系统	支持各级各层的单项和综合决策、组织、执行、控制与协调活动，能够从数据管理向知识管理转变。系统旨在提高行业发展预测、预警能力，做好行业发展的监测分析，为政策制定提供决策依据
民航电子商务	民航电子商务平台	统一网上交易，建立网上商城
公众服务	民航公众服务平台	以向公众提供优质服务为目标，以公众现实需要为依据，以网络化服务方式为方向，进行多形式、多内容的系统开发与应用，建设“一站式网络服务大厅”
行业管理	综合交通枢纽运营管理平台	满足综合交通枢纽的协调指挥、信息服务和应急管理
	协同管理系统	系统提高运行效率、可预见性、减少延误、缩短过站时间并提高航班正点率
	航班时刻管理平台	推进容量科学化、精细化管理，力争释放更多时刻
	中央流量管理系统	改革流量管理信息发布机制，实现运行信息共享
旅客服务	新一代旅客服务系统	以 Airline Centric 为核心理念，支持航空公司对产品、客户、渠道和合作伙伴的有效掌控，助力航空公司业务转型；以平台架构为技术支撑，打造面向移动互联网的高可靠高性能易扩展低成本的海量信息处理平台；以平台化和智能化为方向，实现用户完美体验

2.1.1.2 多式联运及其信息互联互通现状

1）海铁联运及其信息互联互通现状

海铁联运是进出口货物由铁路运到沿海海港直接由船舶运出，或是货物由船舶运输到达沿海海港之后由铁路运出的只需“一次申报、一次查验、一次放行”就可完成整个运输过程的一种运输方式。全程采用一次托运、一次付费、一票到底、统一理赔、海铁联运经营人负责的组织形式，具有安全可靠、提早结汇等优势。海铁联运目前在信息开放、数据交换等方面取得了一定成效，利用港航、铁路、口岸管理等部门的信息资源，支持各海铁联运通道建立公共信息共享平台，逐步提供班轮/班列运行时刻、运价、联运货物动态、订舱/请车、港口/车站业务、口岸监管等数据查询、业务办理等信息服务。

2012 年 7 月 31 日，国家发改委在《国家发改委办公厅、财政部办公厅关于同意在海铁联运等七个领域开展国家物联网重大应用示范工程的复函》（发改办高技〔2012〕2101 号）中将海铁联运作为一项国家物联网重大应用示范工程给予支持并进行了批复，选定六个运输需求量大、信息共享迫切、示范工程条件成熟的港口开展集装箱海铁联运示范项目,分别为:大连至东北地区,天津至华北、西北地区,青岛至郑州及陇海线沿线地区,连云港至阿拉山口沿线地区,宁波至华东地区,深圳至华南、西南地区。表2-8为六条海铁联运应用示范工程的基本情况。

六条海铁联运应用示范工程的基本情况 表2-8

序号	工程名称	建设单位	主要参与单位
1	大连—东北地区海铁多式联运物联网应用示范工程	大连港集团	大连港口岸物流网有限公司、港口相关物流单位
		中铁集装箱有限责任公司,沈阳、哈尔滨铁路局	中国铁路信息技术中心、铁路相关物流单位
2	天津—华北、西北地区海铁多式联运物联网应用示范工程	天津港集团	天津港信息技术发展有限公司、港口相关物流单位
		中铁集装箱有限责任公司,北京、太原、呼和浩特铁路局	中国铁路信息技术中心、铁路相关物流单位
3	青岛—郑州及陇海线沿线地区海铁多式联运物联网应用示范工程	青岛港集团	青岛港EDI中心、港口相关物流单位
		中铁集装箱有限责任公司,济南、郑州、西安铁路局	中国铁路信息技术中心、铁路相关物流单位
4	连云港—阿拉山口沿线地区海铁多式联运物联网应用示范工程	连云港港口集团	连云港港口EDI中心、港口相关物流单位
		中铁集装箱有限责任公司,上海、郑州、西安、兰州、乌鲁木齐铁路局	中国铁路信息技术中心、铁路相关物流单位
5	宁波—华东地区海铁多式联运物联网应用示范工程	宁波港集团	宁波港EDI中心、港口相关物流单位
		中铁集装箱有限责任公司,上海、武汉铁路局	中国铁路信息技术中心、铁路相关物流单位
6	深圳—华南、西南地区海铁多式联运物联网应用示范工程	深圳盐田港集团	招商局物流有限公司、港口相关物流单位
		中铁集装箱有限责任公司,广铁集团,南昌、南宁、昆明、成都铁路局	中国铁路信息技术中心、铁路相关物流单位

2)公铁联运及其信息互联互通现状

公铁联运是指在铁路、公路两种运输方式之间对货物进行直接的中转,对载货汽车和铁路货车之间转运的货物不进行再次处理。公路和铁路的连接通常是通过公铁联合运输中转平台来实现。公铁联运是多式联运的组成部分,在我国现阶段采取公铁联运的货物主要为国内中长距离的集装箱货物及行包快运货物。

公铁联运的概念虽然提出已经很多年了,却一直难有实质性的进展。目前,国内选择公铁联运的货物主要为中长距离的集装箱货物及行包快运货物,提供公铁联运服务的主要有铁路货运部门以及能获得铁路资源的大型物流公司,如铁路货运站、中铁快运等。

随着经济、社会、科技的发展,发展现代化、物流化的公铁联运是必然的趋势。未来公铁联运的发展方向是:降低中转成本、提高货物周转速度、减少集装箱的处理量、优化使用空间、列车与公路的直接联运中转、集成的车皮与集装箱识别系统、减少铁路分流带来的对货物的损坏、有限的机械使用下保证高可靠性和可获得性、使铁路轨道的利用率高于其他中转方式、允许新的信息技术在平台管理系统中的集成使用、具有处理高峰期公铁联合运输的高弹性、低峰时期可以节省集装箱处理成本等。

以昆明南亚国际陆港为例,国际陆港设在铁路、公路交会处,为的是利用铁路运费较低的特点降低国际运输成本,运用公路运输便捷的特点提高集疏港效率。昆明南亚国际陆港作为"十二五"期间昆明市物流产业发展规划的五大物流基地之一,依托的大桃花货运站场,承载着凉亭片区物流产业转移任务,将形成西南片区规模最大、功能最全的综合性商贸物流园。2012 年 10 月正式开工建设,2015 年 3 月竣工交付使用,具备运输(包括转运、铁路运输作业、甩挂等)、仓储、装卸搬运、包转、流通加工、配送、信息服务(包括政府及铁路信息服务、数据交换、物流信息发布、电子商务、企业物流信息管理、停车场智能化管理系统等)、金融服务、综合配套等九大功能。通过信息平台与桃花村铁路货场铁路信息对接,实现公铁联运的无缝对接,以智能化手段对港区进行管理;通过信息平台满足客户需求,从而提高运输效率,降低物流成本。

3)空铁联运及其信息互联互通现状

空铁联运是指航空运输与铁路运输之间协作的一种联合运输方式,参与者包括民航机场、航空公司、铁路系统等。2010 年起,民航与铁路在业务上开始实现空铁联运。当前开展的空铁联运业务是航空公司为提升客座率而主动推出的服务,业务仅仅局限于部分航空公司在小部分机场开展,在信息互联互通方面还处于初级阶段。大部分航空公司不是和铁路直接合作,而是和部分铁路客票销售代理人开展合作,涉及的信息系统也均由民航提供并运营维护。中航信提供的空铁联运订座系统也没有和铁路售票系统进行连接,没有实现自动化的信息互联互通,而是依靠手工作业的模式进行信息的传递。

案例一:国航空铁联运线路。截至 2014 年 7 月,国航和 49 条铁路线路开通了空铁联运(表 2-9)。

国航开通空铁联运的 49 条铁路线路 表 2-9

序　号	铁 路 线 路	序　号	铁 路 线 路
1	上海虹桥到苏州	10	上海虹桥到昆山南
2	上海虹桥到无锡	11	上海虹桥到嘉兴南
3	上海虹桥到常州	12	嘉兴南到上海虹桥
4	上海虹桥到杭州东	13	上海虹桥到义乌
5	苏州到上海虹桥	14	义乌到上海虹桥
6	无锡到上海虹桥	15	宁波到杭州东
7	常州到上海虹桥	16	杭州东到宁波
8	杭州东到上海虹桥	17	宁波东到上海虹桥
9	昆山南到上海虹桥	18	上海虹桥到宁波东

续上表

序　号	铁 路 线 路	序　号	铁 路 线 路
19	台州到上海虹桥	35	金华西到杭州东
20	上海虹桥到台州	36	绍兴北到杭州东
21	成都东到重庆北	37	余姚北到杭州东
22	重庆北到成都东	38	杭州东到桐乡
23	成都东到达州	39	杭州东到海宁西
24	成都到南充	40	杭州东到湖州
25	南充到成都	41	杭州东到金华西
26	达州到南充	42	杭州东到绍兴北
27	南充到达州	43	杭州东到余姚北
28	达州到成都东	44	上海虹桥到合肥
29	嘉兴南到杭州东	45	合肥到上海虹桥
30	杭州东到嘉兴南	46	义乌到杭州东
31	南充到成都东	47	杭州东到义乌
32	桐乡到杭州东	48	台州到杭州东
33	海宁西到杭州东	49	杭州东到台州
34	湖州到杭州东		

案例二：东航空铁联运线路。截至 2014 年 7 月，东航和 30 条铁路线路开通了空铁联运（表 2-10）。

东航开通空铁联运的 30 条铁路线路　　表 2-10

序　号	铁 路 线 路	序　号	铁 路 线 路
1	镇江到上海虹桥	16	上海虹桥到宁波
2	义乌到上海虹桥	17	上海虹桥到昆山
3	宜昌东到汉口	18	上海虹桥到嘉兴南
4	无锡到上海浦东	19	上海虹桥到台州
5	汉口到荆州	20	上海虹桥到杭州
6	汉口到黄石	21	上海虹桥到丹阳
7	桐乡到上海虹桥	22	上海虹桥到常州
8	苏州到上海虹桥	23	南京到上海虹桥
9	荆州到汉口	24	宁波到上海虹桥
10	上海虹桥到镇江	25	昆山到上海虹桥
11	上海虹桥到义乌	26	嘉兴南到上海虹桥
12	上海虹桥到无锡	27	台州到上海虹桥
13	上海虹桥到桐乡	28	杭州到上海虹桥
14	上海虹桥到苏州	29	丹阳到上海虹桥
15	上海虹桥到南京	30	常州到上海虹桥

案例三：东航“空铁通”联运产品。2012 年，上海铁路局与东方航空联合推出“空铁通”联运产品。购买东航机票的同时，可以一并选择铁路苏州站、无锡站、常州站、宁波东站与上海虹桥站之间的列车，并一次支付，享受“空铁通”联运产品的价格，比分别购火车票和飞机票的总价要低。上海铁路局和东航分别在虹桥火车站和虹桥机场互设服务柜台，增设空铁中转引导标志，购买“空铁通”产品的旅客还可以在机场优先值机，实现快速便捷中转。2013 年，武汉铁路局、东航武汉公司、湖北机场集团三方正式推出“空铁通”联运产品。2014 年 6 月，新增武汉站、潜江站、天门南站、信阳东站 4 个站点，进一步扩大“空铁联运”覆盖范围。

案例四：京津两地空铁联运。2014 年 8 月底，京津两地空铁联运模式基本形成。从北京南站坐京津城际动车 36 分钟后到达天津站后可以直接乘坐天津地铁 2 号线直达 2 号航站楼地下交通枢纽，再通过换乘电梯直达航站楼内，全程约需要 1 小时。试运行期间有两家航空公司执行了免高铁票政策，北京通过高铁到天津乘坐飞机的旅客，可在机场城市候机楼办理高铁票退费，将来优惠范围将推广到天津机场出发的每个航空公司。天津机场 2 号航站楼地下交通枢纽，也预留了京津高铁的延长线位置，计划在 3 年左右完工。建成后从北京南站乘坐京津城际列车 45 分钟左右便可直达天津机场终点站。

4）空巴联运及其信息互联互通现状

2007 年起，民航与机场巴士公司在业务上开始实现空巴联运。同空铁联运一样，空巴联运没有实现自动化的信息互联互通。空巴联运业务系统主要由中国航信开发运营维护，多数巴士公司没有计算机售票系统，少数巴士公司具备计算机售票系统但没有和中国航信订座系统实现连接。

国航、东航开展的空巴联运业务由航空公司和巴士公司签署合作协议，巴士公司拿出部分客票委托航空公司销售，航空公司将这部分客票信息手工输入中国航信的订座系统中，和民航客票关联在一起，作为空巴联运客票销售。有计算机售票系统的巴士公司通过中国航信提供的网站查询空巴联运信息，手工录入巴士售票系统；没有客票销售系统的巴士公司则手工记账，为旅客出票。

案例一：截至 2014 年 7 月，国航和 60 条巴士线路开通了空巴联运。

案例二：截至 2014 年 7 月，东航和 19 条巴士线路开通了空巴联运。

案例三：深圳市政府牵头、深圳机场提供优质平台，深圳航空、南方航空、深圳机场等 26 家城市候机楼及地面营运商联手打造了空巴联运（陆空联运）无缝衔接的航空精品“经深飞”。汽车服务使用虚拟航班号，旅客可直接在深航网站购买套票产品，飞抵深圳机场后持虚拟航班机票选乘中港通或冠忠环岛任一汽车至香港。2007 年实施以来，空巴联运（陆空联运）及配套服务已成为深圳机场近年来稳步发展的重要动力。

5）海空联运及其信息互联互通现状

目前中国内地没有实现民航和水路的联运，即民航与水路信息没有互联互通。但香港机场提供了很成熟的海空联运服务，使香港机场辐射能力深入渗透至珠江三角洲及澳门。

香港机场通过海天客运码头开展海空联运服务，该码头与深圳蛇口码头、福永码头、东莞虎门码头、珠海九洲码头、澳门码头等 8 个码头之间开通快船服务，海上运输时间约为 30～90分钟。香港机场利用该码头为其航空旅客提供乘船往返内地/澳门和香港之间以及在码头办理登机手续的一条龙服务。

(1)机场建立专属的海空联运码头。为了更好地提供海空联运服务,香港机场与珠江船务、信德中旅合资建设海天客运码头,该码头通过捷运系统与香港机场候机楼快速连接。

(2)远程值机服务。香港机场与码头及航空公司合作,在东莞虎门、深圳福永、蛇口码头和澳门(外港客运码头)及香港海天码头开通远程值机及行李托运服务,同时旅客还可在这些码头申请退回预付的飞机乘客离境税。

(3)行李直挂服务。无论旅客从国外经香港机场通过海空联运至珠三角/澳门,或者从深圳、东莞、澳门码头经海空联运至香港机场转机往国外,均可在始发地托运行李,直至目的地提取行李,中途无须操心行李提取托运问题。

(4)一次出入境服务。珠三角/澳门旅客经此码头搭乘香港机场航班,无须办理香港的入境手续,即可进入机场隔离区登机,搭乘航班抵达时转快船离港亦无须办理出境手续。

香港客运码头自2003年开放使用以来,旅客运输量自首年67万人次增长至2011年240万人次,较2010年增长7%,超过香港机场空巴联运(陆空联运)旅客(即与内地间的跨境汽车运输)运输量(190万人次),海空联运服务已经成为香港机场深入开发内地市场的重要工具,使香港机场继续成为通往内地的首选门户。

6)公水联运及其信息互联互通现状

公路与水路互联互通大都依托港口集疏运建设,通常比较大型的港口枢纽建设都具有公水铁联运功能,下一小节货运枢纽中将有案例介绍。

2.1.1.3　综合运输信息互联互通应用现状

现阶段,综合运输信息互联互通应用主要以综合交通枢纽的建设、区域交通协调发展战略为依托逐步发展起来,在提高城市交通枢纽效率,增强区域竞争力方面起到很好的示范作用。

1)运输枢纽级:综合交通枢纽内信息互联互通

一方面,以客运为主的枢纽一体化衔接能力加强。综合客运枢纽是旅客运输网络中不同方式线路或通道衔接的重要节点,通过各种方式的设施装备、运输作业、组织管理、信息传输等方面的合理衔接、协调运转,为旅客出行提供便捷的服务。以北京南站、上海虹桥站等为代表的铁路客运站的设计,强调多方式的空间立体化布置、功能一体化衔接理念,注重人性化服务,实现多方式间的零距离换乘和一体化服务。

北京南站建成的车站信息服务系统由以下系统构成:①旅客服务信息系统,包括综合显示系统、客运广播系统、信息查询系统、视频监视系统、旅客安检设施等;②售票及检票;③行包管理及服务信息系统;④火灾自动报警系统;⑤静态标志等。在枢纽规划、建设方面,铁路系统与其他交通方式在信息系统互联共享和统筹安排方面未能充分实施统一规划、统一建设;从当前枢纽的运营管理来看,已经投入使用的铁路、地铁、公交相对独立运营,也未能构建起信息共享方案和协商机制。因而,目前北京南站枢纽内,铁路车站信息系统与其他交通方式信息系统独立建设、各自运营,并没有实现真正意义上所有交通方式的信息共享和一体化服务。铁路旅客信息服务方面一定程度上考虑了换乘信息的需求,包括北京市内常规公交线路、长途汽车班次、租车、天气等信息,但都是静态的,并且通过人工方式采集和输入。

上海虹桥枢纽依托枢纽应急响应中心信息平台,建立了统一高效、互通互联、信息共享的枢纽信息系统,信息范围涵盖机场、高速公路及城际铁路、城市轨道交通、公共交通、出租汽车、长途客运等多种交通方式，旅客可以享受“零换乘”的便捷。在由一个公共信息平台和公共数据网络与多个单项信息系统组成的总体架构下，公共信息平台和公共数据网络及公共区域内的信息基础设施由枢纽建设指挥部指定的主体建设，组成枢纽信息系统的各个单项信息系统及分布在各主体建筑内的信息基础设施由各投资主体负责建设和运营。

上海南站枢纽的铁路旅客车站、汽车客运站、南北城市广场、公交场站、出租汽车停车场等分别建设了配套的客运信息系统。相对于北京南站，上海南站在枢纽规划、建设的前期，建立了各种交通方式信息系统的协调机制，为各种交通方式信息系统的统一规划创造了条件，各信息系统之间按照相关标准预留互联接口，具备互联互通、信息共享的条件。不过在实际运营过程中，未能在枢纽统一管理机构下形成各种交通方式信息交换协调机制和授权，在各信息系统的实施过程中也没有提出面向信息共享的枢纽信息系统平台方案。因此，上海南站枢纽内各种交通方式的信息系统并没有达到枢纽信息共享和一体化服务的规划目标。

另一方面，以货运为主的枢纽集疏运功能进一步完善。以大连港为例。大连港口岸服务信息化建设已经初现规模，港口智能集装箱运输技术为海铁联运提供基础，生产调度系统整合管理，电子客票日趋成熟，全程物流信息也已覆盖泛渤海及内陆区域。大连港口自身信息化建设夯实了基础，基础设施及安全建设为智慧航运中心建设提供保障。

大连口岸公共信息平台已经实现了对货物的“全程跟踪”。作为一个集成了通关服务、贸易金融、电子政务的电子化协作联动网络平台，为港口、码头、货主、船代及口岸局、海关、检验检疫等部门提供一个衔接通道。目前，平台服务的客户企业已将近 3000 家，是环渤海地区最大的口岸公共信息平台。

由大连港集团与中铁集装箱运输有限责任公司合办的大连铁路集装箱中心站是全国 18 个现代化铁路集装箱中心站之一。通过数据信息紧密链接，中心站的集装箱装卸作业实现了智能高效中转：一辆集装箱货车一进中心站大门，上方的智能探头可自动分析出集装箱内装载的是什么货、各有多重。这些信息通过光缆传到处理中心，然后自动下达指令，货车驾驶员就可在无人值守智能门出口处取到机打票据，且上面已标明下步该到何处办理相关业务。

大连港集团生产调度指挥中心采取“三调合一”管理，即将市场部、引航站、轮驳公司的三项调度功能全部整合到了一个“平台”上，实现了港口生产调度的“统一指挥”。

2014 年，大连港集团的智慧航运中心建设进入全面实施阶段，利用物联网、大数据、云服务等现代科技，以口岸大数据中心建设为先导，推动海、空、公、铁及通关、政务、交易、金融等领域跨部门、跨区域信息资源整合工作，构建集物流协同作业、通关监管支持、金融贸易服务、航运交易服务、增值信息服务于一体的智慧航运中心服务体系。

2）城市枢纽级：枢纽城市内综合运输信息互联互通

2017 年 2 月，国务院印发的《“十三五”现代综合交通运输体系发展规划》明确提出，“全面提升长春、沈阳、石家庄、青岛、济南、南京、合肥、杭州、宁波、福州、海口、太原、长沙、南昌—九江、贵阳、南宁、兰州、呼和浩特、银川、西宁、拉萨、秦皇岛—唐山、连云港、徐州、湛江、大同等综合交通枢纽功能，提升部分重要枢纽的国际服务功能。推进烟台、潍坊、齐齐哈尔、吉林、营口、邯郸、包头、通辽、榆林、宝鸡、泉州、喀什、库尔勒、赣州、上饶、蚌埠、芜湖、洛阳、商丘、无锡、温州、金华—义乌、宜昌、襄阳、岳阳、怀化、泸州—宜宾、攀枝花、酒泉—嘉峪关、格尔木、大理、曲靖、遵义、桂林、柳州、汕头、三亚等综合交通枢纽建设，优化中转设施和集疏运网络，促进各种运输方式协调高效，扩大辐射范围”。

上述多个城市提出建设与城市功能相匹配，构建可持续发展、高标准、现代化的综合交通运输体系，支持经济繁荣和社会进步的交通发展目标。其中，北京、深圳等依托城市的交通运行协调指挥中心（Transportation Operations Coordination Center，TOCC），在城市交通运输主管部门协调下，有效地实现了综合运输信息互联互通。

北京市交通运行协调指挥中心围绕综合交通运输协调体系的构建，形成一体化、智能化综合交通指挥支撑体系。北京 TOCC 的设计以数据为基础，全面接入包括公路、铁路、民航在内的交通行业基础设施建设信息、交通基础设施信息、交通运输相关信息以及交通执法等相关信息；以服务为向导，通过对数据的有效整合，提供日常监测和数据分析，为决策部门报送相关指标或运行报告；提供路况信息、出行信息，为公众出行服务。总的来说，北京 TOCC 具有综合运输协调指挥、交通安全应急指挥、决策支持与信息服务三大功能，将为政府、行业企业和公众提供服务，支撑行业监管和精细化管理，提高政府服务、决策和应急处置能力；支撑行业企业间数据共享、协调联动，提高企业服务水平和运行效率；支撑政府与公众的沟通、互动，为公众提供超前服务。

综合运输协调指挥功能可实现对全市路网交通量、运行速度、事件、气象等运行状况的监测，对地面公交、轨道交通、出租汽车、省际客运、旅游、危化品运输、停车、租赁等运输行业的运行状况进行日常监测、分级预警、情况通报、趋势分析，加强交通基础设施与运输、各种运输方式、城乡运输、相关单位和行业企业之间等的协调配合力度，配合重大活动交通保障机构，协调相关单位和行业企业，为春运和黄金周、重大活动、大件运输、公共交通联动等提供交通运输保障支持。

交通安全应急指挥功能可实现应急值守，风险源、抢险物资及抢险队伍分布展示，相关图像信息统一接入及展示、综合通信、视频会议、应急预案管理、应急指挥调度等，通过信息化智能化手段实现对全市交通资源的监控和调配，为实现“信息交互、统一协调、分级指挥、一致行动”的应急联动机制提供强有力地支撑。同时，还可配合交通应急指挥机构协调相关单位和行业企业，提供交通运输保障支持。

决策支持与信息服务功能可实现对交通行业数据的整合与分析，形成交通行业数据共享交换中心和统一的综合信息报送体系；对网站、可变情报板、移动终端上发布的交通信息内容及质量进行监测；实现紧急信息的统一发布。以大屏展示、领导桌面、短信服务、网站、服务热线、动态导航等方式，为政府决策与管理、企业运营与服务、公众出行提供准确及时的信息服务。为领导和业务部门提供全市路网的实时运行状况、交通行业运行指标的分析，为交通运行分析和疏堵工程提供支撑。

深圳市交委以“以信息化、智能化引领全市交通运输行业现代化、国际化、一体化”的发展思路，组建了集“数据管理、运行监测、决策支持、信息发布和协同服务”五大功能于一体的深圳市综合交通运行指挥中心，负责深圳市综合交通运行智能化平台系统的建设、管理工作，承担综合交通运输体系的运行监测工作，为城市交通管理提供决策支持，为公众出行提供信息服务。深圳交通指挥中心运行围绕“数据中心、运行中心、建设中心、可视中心、监测中心”五个中心的定位，通过“智能设施、智能公交、智能物流、智能政务”四大平台的建设，全力推进深圳市智能交通发展建设，为广大市民提供高效、便捷、安全、环保和舒适的交通出行环境。

在数据管理方面，交通运行指挥中心通过接入深圳市交通行业的 8 大类（交通视频数据、城市公共交通、城际交通、两客一危、驾培、高速公路、应急指挥、交通气象）、29 个系统、51 项数据，初步构建海、陆、空、铁、城的“交通数据中心”。另外，深圳市交委依托综合交通运行指挥中心建设执法支队、客运管理局、港航货运局、西部交通局、东部交通局等 10 个运行分中心，与规划、环保、公安等单位紧密联系，汇聚了 14 类 75 项交通行业数据，构建交通基础信息共享平台。

在行业监测方面，依托营运车辆 GPS 监控平台，对全市 14700 多台出租汽车、4800 多辆长途客车和 2400 多辆危险化学品运输车和 2900 多辆重型自卸车等进行监测，实现对车辆超速、GPS 掉线等违规行为的实时掌握；及时发现车流及客流拥堵情况，提供情报推送等。

在决策支持方面，运行指挥中心通过对海量交通数据的分析和挖掘，编制《道路交通运行周报、月报、季报》《深圳市交通运输行业 GPS 监测周报》等，为交通管理部门提供科学、全面、深入的分析报告。

在信息服务方面，运行指挥中心会同有关部门，通过开展交通频道、交通直播室的建设，优化升级门户网站及 E 行网功能、研发“交通在手”手机软件等多项项目，多途径、全方位向广大出行者发布实时交通信息，营造智慧交通出行环境。

3）区域级：区域内综合运输信息互联互通

交通一体化是区域经济一体化发展的关键，交通基础设施建设是交通一体化发展的基础，信息互联互通是交通一体化发展的助推器。

长三角区域通过签订交通运输信息资源共享合作框架协议，实现了浙江、江苏、上海、安徽三省一直辖市在交通地理信息、省际交通流量、营运车船、“两客一危”车辆和“四客一危”船舶运行、交通执法、信用信息、毗邻地区交通视频监控图像、交通服务信息等方面信息的互联互通。目前正在积极推进与民航和铁路的信息资源共享。

京津冀交通一体化建设正在开展的工作主要包括协同推进京津冀交通运输规划对接，形成区域交通“一张图”，统一部署、统一实施、同标准落实；协同加快京津冀重大交通项目建设，加快完善区域干线公路、铁路网络，推进港口、机场合理分工、功能优化、业务合作；协同加强京津冀交通运输管理、服务联动，共同研究加快公共交通、智能交通、绿色交通和交通运输安全保障体系建设，加快实现基础设施资源共享、信息互联互通、管理协调联动。

珠三角一体化逐步被提到重大发展战略高度，2013 年珠三角区域内快速轨道交通主骨架初步形成，高速公路网格化基本实现，民航机场旅客吞吐能力获得突破，航道千吨级骨干网基本形成，成功为珠三角区域一体化提速。为进一步加强广州与佛山、惠州、东莞、中山、肇庆、清远等周边城市交通互联互通，随着综合交通项目的对接，高速公路、铁路、城际轨道交通以及公共交通、航道、机场、海港、内河航运等交通通道和交通枢纽铸就的高效率、低能耗、多层次、立体化的珠三角区域综合交通体系将逐步建立和完善。

4）国家级：国家层面的综合运输信息互联互通

总体上尚未开展。目前正在开展国家级交通运输物流公共信息平台和东北亚物流信息服务网络建设。

2.1.1.4　应用现状小结

根据以上分析，可以看出民航、铁路、道路、水运等各种运输方式内部信息资源整合和共享的深度和广度都在不断增强，为综合运输信息的更细颗粒度、更大范围的共享提供了重要的技术基础和保障。但是，各层级不同运输方式间的信息互联互通正在探索中，不同运输方式间的信息互联互通体系尚未建立。总体上，我国综合运输信息互联互通存在以下特点：

(1)以综合交通枢纽为依托的交通方式实现物理互联，信息互通程度有限。

综合交通枢纽的建设实现了多种交通方式在物理层面的互通，但没有实现信息的互联互通。虽然客运枢纽通过有效的引导信息系统方便旅客到达换乘地点，但是各种交通方式的信息系统并没有达到枢纽信息共享和一体化服务的规划目标，信息的不互通或提供的不及时可能导致旅客错过换乘车辆或需要花费长时间等待换乘。货运枢纽的建设提高了集疏运效率，但是信息系统的不健全可能导致货车不必要的空驶，增加运输成本。

(2)部分枢纽城市交通运行管理信息化建设卓有成效，全国枢纽城市交通信息化亟待发展。

目前，北京、深圳等城市交通运行协调(指挥)中心的建设实现了综合运输信息互联互通，为综合运输协调指挥、交通安全应急指挥、行业决策与公众出行提供及时可靠的服务与支持。其运行模式与管理机制可为其他全国性综合交通枢纽的信息化建设提供示范，加快实现国家“十二五”综合交通运输体系规划提出的全面推进综合交通枢纽建设进程，促进42个全国性综合交通枢纽的信息化发展，为国家综合运输信息互联互通打下坚实的基础。

(3)区域综合运输基础设施互联互通正在进行，信息互联互通尚需努力。

目前长三角区域实现了水路公路信息互联互通，民航和铁路的信息资源共享正在积极推进中。京津冀区域和珠三角区域交通一体化规划建设正在进行中，信息互联互通任重而道远。

(4)国家层面的综合运输信息互联互通尚未开展。

国家层面的综合运输信息互联互通总体上尚未开展。目前正在开展国家级交通运输物流公共信息平台和东北亚物流信息服务网络建设。

(5)政府与市场共同推进多式联运产业化发展。

国家应用示范工程的建设有助于推进国家海铁联运应用技术及信息标准体系、运行机制的建立，从而推动我国集装箱海铁联运物联网应用体系的建设，促进整个海铁联运物联网技术应用的产业化进程。

民航公司为提高上座率积极开发与其他运输方式的联运服务，提供了空铁联运、空巴联运产品，但是由于铁路方面的积极性不高，公路运输业务信息化程度较弱，虽然部分机场站点实现了业务层面的联运服务，但信息传递仍旧靠人工操作，没有实现信息自动化的互联互通。

2.1.2　标准与技术现状

2.1.2.1　各运输方式信息化标准现状

1)公路水路综合运输标准

由于机制原因，公路水路综合相关标准相对较健全，在运输工具、货物包装、交通基础信息数据元等方面有系统的标准(表2-11~表2-16)。

交通运输行业信息分类与编码 表2-11

序号	标 准 号	标 准 名 称
1	JT/T 132—2003	公路数据库编目编码规则
2	JT/T 301—1996	公路交叉分类与编码规则
3	JT/T 412—2000	国道主要控制点代码
4	JT/T 414—2006	道路运输电子政务平台　信息分类与指标
5	JT/T 415—2006	道路运输电子政务平台　编目编码规则
6	JT/T 438—2001	水路运输主要统计指标分类与代码
7	JT/T 444—2001	公路运输主要统计指标分类与代码
8	JT/T 450—2001	交通固定资产投资主要统计指标分类与代码
9	JT/T 470—2002	海上运输航线代码
10	JT/T 735.2—2009	交通科技信息资源共享平台系统资源建设要求　第2部分:分类与编码
11	JT/T 748—2009	公路水路交通信息资源业务分类
12	JT/T 749—2009	交通信息资源标识符编码规则
13	JT/T 906—2014	交通运输行业政府网站信息资源分类
14	JT/T 1058—2016	交通运输关键信息系统数据库字段命名及属性定义
15	JT/T 1020—2016	交通运输信息系统数据字典编制规范
16	GB/T 20133—2006	道路交通信息采集　信息分类与编码
17	GB/T 21394—2008	道路交通信息服务　信息分类与编码
18	GB/T 29100—2012	道路交通信息服务　交通事件分类与编码
19	GB/T 29105—2012	道路交通信息服务　浮动车数据编码
20	GB/T 29744—2013	道路交通信息服务　道路编码规则
21	GB/T 20612.1—2006	交通及出行者信息(TTI)经交通报文编码的TTI报文　第1部分:使用ALERT-C的广播数据系统-交通报文频道(RDS-TMC)编码协议
22	GB/T 20612.2—2006	交通及出行者信息(TTI)经交通报文编码的TTI报文　第2部分:广播数据系统-交通报文频道(RDS-TMC)的事件和信息编码
23	GB/T 20612.3—2006	交通及出行者信息(TTI)经交通报文编码的TTI报文　第3部分:ALERT-C定位参考
24	GB/T 20606—2006	智能运输系统数据字典要求
25	GB/T 28970—2012	道路交通运输地理信息系统数据字典要求
26	JT/T 484—2002	港口管理信息系统数据字典
27	JT/T 642—2005	智能运输系统数据字典要求

交通运输行业信息资源标准　　表 2-12

序号	标 准 号	标 准 名 称
1	JT/T 697.1—2013	交通信息基础数据元　第 1 部分:总则
2	JT/T 697.2—2007	交通信息基础数据元　第 2 部分:公路信息基础数据元
3	JT/T 697.3—2013	交通信息基础数据元　第 3 部分:港口信息基础数据元
4	JT/T 697.4—2013	交通信息基础数据元　第 4 部分:航道信息基础数据元
5	JT/T 697.5—2013	交通信息基础数据元　第 5 部分:船舶信息基础数据元
6	JT/T 697.6—2008	交通信息基础数据元　第 6 部分:船员信息基础数据元
7	JT/T 697.7—2009	交通信息基础数据元　第 7 部分:道路运输信息基础数据元
8	JT/T 697.8—2008	交通信息基础数据元　第 8 部分:水路运输信息基础数据元
9	JT/T 697.9—2009	交通信息基础数据元　第 9 部分:建设项目信息基础数据元
10	JT/T 697.10—2009	交通信息基础数据元　第 10 部分:交通统计信息基础数据元
11	JT/T 697.11—2009	交通信息基础数据元　第 11 部分:船舶检验信息基础数据元
12	JT/T 697.12—2009	交通信息基础数据元　第 12 部分:船载客货信息基础数据元
13	JT/T 697.13—2009	交通信息基础数据元　第 13 部分:收费公路信息基础数据元
14	JT/T 697.14—2015	交通信息基础数据元　第 14 部分:城市客运信息基础数据元
15	JT/T 735.1—2009	交通科技信息资源共享平台系统资源建设要求　第 1 部分:核心数据元
16	JT/T 735.3—2009	交通科技信息资源共享平台系统资源建设要求　第 3 部分:数据元
17	JT/T 747—2009	交通信息资源核心元数据
18	JT/T 905.3—2014	出租汽车服务管理信息系统　第 3 部分:信息数据元
19	JT/T 1057—2016	交通运输法规管理信息数据元
20	JT/T 1022—2016	交通运输管理机构和管理人员信息数据元
21	JT/T 979.2—2015	道路客运联网售票系统　第 2 部分:信息数据元
22	JT/T 1140.1—2017	交通运输安全应急资源数据元　第 1 部分:公路安全应急资源数据元
23	JT/T 1140.2—2017	交通运输安全应急资源数据元　第 2 部分:水路安全应急资源数据元
24	GB/T 29102—2012	道路交通信息服务　通过调频数据广播发布的道路交通信息
25	GB/T 29103—2012	道路交通信息服务　通过可变情报板发布的交通信息
26	GB/T 29104—2012	道路交通信息服务　长途客运线路信息
27	GB/T 29109—2012	道路交通信息服务　通过无线电台发布的交通信息
28	GB/T 29110—2012	道路交通信息服务　公共汽电车线路信息基础数据元
29	GB/T 26767—2011	道路、水路货物运输地理信息基础数据元
30	GB/T 26768—2011	道路、水路货物运输基础数据元
31	GB/T 20134—2006	道路交通信息采集事件信息集

交通运输行业信息应用标准 表 2-13

序号	标 准 号	标 准 名 称
1	GB/T 26782.1—2011	卫星导航船舶监管信息系统　第1部分:系统组成与功能定义
2	JT/T 734—2009	交通科技信息资源共享平台系统建设要求
3	JT/T 765.3—2009	长江电子航道图制作规范　第3部分:显示准则
4	JT/T 905.1—2014	出租汽车服务管理信息系统　第1部分:总体技术要求
5	JT/T 979.1—2015	道路客运联网售票系统　第1部分:服务接口规范
6	JT/T 1077—2016	道路运输车辆卫星定位系统视频平台技术要求
7	JT/T 310—1997	汽车客运站计算机售票管理信息系统规范
8	JT/T 319—2010	汽车客运站计算机售票票样及管理使用规定
9	JT/T 498—2004	道路旅客运输计算机移动售票票样及使用规定
10	JT/T 405—1999	水路客运计算机售票票样及管理使用要求
11	JT/T 406—1999	水路客运计算机售票管理信息系统要求
12	GB/T 29745—2013	公共停车场(库)信息联网通用技术要求
13	GB/T 29101—2012	道路交通信息服务　数据服务质量规范
14	GB/T 29106—2012	道路交通信息服务　公路信息亭技术要求
15	JT/T 481—2002	道路货物运输交易信息服务系统技术要求
16	GB/T 20135—2006	智能运输系统　电子收费系统框架模型
17	GB/T 20607—2006	智能运输系统　体系结构服务
18	GB/T 20608—2006	智能运输系统　自适应巡航控制系统性能要求与检测方法
19	GB/T 20611—2006	智能运输系统　中央数据登记簿数据管理机制要求
20	GB/T 31024.1—2014	合作式智能运输系统专用短程通信　第1部分:总体技术要求
21	GB/T 31024.2—2014	合作式智能运输系统专用短程通信　第2部分:媒体访问控制层和物理层规范

交通运输行业货运集装箱标准 表 2-14

序号	标 准 号	标 准 名 称
1	GB/T 15419—2008	国际集装箱货运交接方式代码
2	GB/T 16561—1996	集装箱设备交接单
3	GB/T 17770—1999　ISO 8323:1985	集装箱空/陆/水(联运)通用集装箱技术要求和试验方法
4	GB/T 17271—1998	集装箱运输术语
5	GB/T 17272.1—1998	集装箱在船舶上的信息箱位坐标代码
6	GB/T 17272.2—2006　ISO 9711—2:1990	集装箱在船舶上的信息电传数据代码
7	GB/T 17273—2006　ISO 9897—1997	集装箱设备数据交换(CEDEX)一般通信代码
8	GB/T 17894—1999　ISO 10374—1991	集装箱自动识别
9	GB/T 1836—1997　ISO 6346—1995	集装箱代码、识别和标记
10	GB/T 26934—2011	集装箱电子标签技术规范
11	ISO 17363—2013	RFID 供应链应用　货运集装箱

续上表

序号	标　准　号	标 准 名 称
12	ISO 18186—2011	货运集装箱　射频识别技术(RFID)货运标签系统
13	ISO/TS 10891—2009	货运集装箱　射频识别技术(RFID)牌照标签
14	ISO 18185-1—2007	货运集装箱　电子密封　第 1 部分:通信协议
15	ISO 18185-2—2007	货运集装箱　电子密封　第 2 部分:应用要求
16	ISO 18185-3—2006	货运集装箱　电子密封　第 3 部分:环境特征
17	ISO 18185-4—2007	货运集装箱　电子密封　第 4 部分:数据保护
18	ISO 18185-5—2007	货运集装箱　电子密封　第 5 部分:物理层
19	ISO 10368—2006	保温集装箱工况的遥测
20	GB/T 15566.2—2007	公共信息导向系统设置原则与要求　第 2 部分:民用机场
21	GB/T 15566.3—2007	公共信息导向系统设置原则与要求　第 3 部分:铁路旅客车站
22	GB/T 15566.4—2007	公共信息导向系统设置原则与要求　第 4 部分:公共交通车站
23	GB/T 15566.11—2007	公共信息导向系统设置原则与要求　第 11 部分:机动车停车场

交通运输行业信息安全标准　　表 2-15

序号	标　准　号	标 准 名 称
1	JT/T 765.5—2009	长江电子航道图制作规范　第 5 部分:数据保护
2	JT/T 825.8—2012	IC 卡道路运输证件　第 8 部分:密钥安全体系框架
3	JT/T 825.9—2012	IC 卡道路运输证件　第 9 部分:密钥管理系统技术要求
4	JT/T 904—2014	交通运输行业信息系统安全等级保护定级指南

交通运输行业产品技术要求　　表 2-16

序号	标　准　号	标 准 名 称
1	JT/T 825.1—2012	IC 卡道路运输证件　第 1 部分:总体技术要求
2	JT/T 825.2—2012	IC 卡道路运输证件　第 2 部分:IC 卡技术要求
3	JT/T 825.7—2012	IC 卡道路运输证件　第 7 部分:IC 卡物理防伪膜技术要求
4	JT/T 825.10—2012	IC 卡道路运输证件　第 10 部分:IC 卡初始化设备技术要求
5	JT/T 825.11—2012	IC 卡道路运输证件　第 11 部分:IC 卡证卡打印机技术要求
6	JT/T 825.12—2012	IC 卡道路运输证件　第 12 部分:IC 卡读写器技术要求
7	JT/T 905.2—2014	出租汽车服务管理信息系统　第 2 部分:运营专用设备
8	JT/T 1076—2016	道路运输车辆卫星定位系统车载视频终端技术要求
9	JT/T 1007.1—2015	交通移动应急通信指挥平台　第 1 部分:总体技术要求
10	JT/T 1007.2—2015	交通移动应急通信指挥平台　第 2 部分:通信信息系统技术要求
11	JT/T 641—2005	公路收费用费额显示器
12	GB/T 26773—2011	智能运输系统　车道偏离报警系统性能要求与检测方法
13	GB/T 26766—2011	城市公共交通调度车载信息终端
14	GB/T 23434—2009	运输信息及控制系统　车载导航系统通信信息集要求

随着智能交通系统的蓬勃发展,一系列智能运输系统相关标准随之产生,道路交通信息采集、车辆定位等技术标准陆续实施,同时道路交通信息服务标准不断完善,实时交通信息标准、出租汽车管理信息标准化使出行信息易于获取,进一步促进城市出行的便捷。水路运输客运方面有相关术语的国家标准及计算机售票管理的行业标准,货运方面针对集装箱装/卸报告报文,还有港口管理信息系统建设的行业标准。

交通运输部关于交通运输信息化标准的编制和规划的主要思想体现在《交通运输通信及导航标准体系表(2014)》(以下简称"体系表")中。体系表按照4个维度对交通运输信息化标准进行分类,每个维度下有若干个分类。第1维度为基础标准维度;第2维度为服务标准维度;第3维度为技术标准维度;第4维度为产品标准维度。

2)铁路运输信息化标准

铁路信息化标准规范体系是针对铁路信息技术开发、信息产品研制和信息系统设计、建设、运行与管理而制订的标准与规范体系,系统、全面、直观地规划了铁路行业相关信息化标准及信息化领域当前和未来的标准内容,明确了信息化标准的发展方向,为铁路信息化建设提供了标准和技术依据。铁路信息化标准体系框架由多个相互制约、相互作用、相互依赖和相互补充的分体系构成,包括铁路信息化建设所必需的现有的、正在制定的和应予制定的所有标准及规范性文件。

铁路信息化标准体系框架由通用标准、信息资源标准、信息网络标准、信息安全保障标准、应用系统标准及管理标准等六个分体系组成,如图2-1所示。这六个分体系相互制约、相互作用、相互依赖和相互补充,每个分体系又可再划分为若干个二级类目。

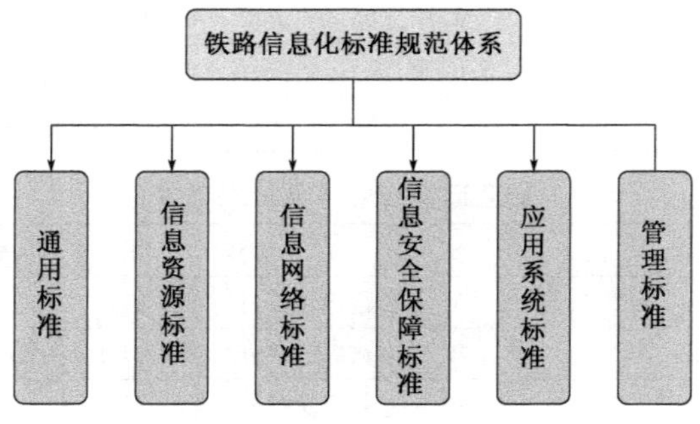

图2-1 铁路信息化标准体系

目前已颁布的铁路信息化标准规范如表2-17所示。

铁路运输信息化标准　　表2-17

序号	标准号/文号	标 准 名 称
信息资源标准		
1	GB/T 10302—2010	中华人民共和国铁路车站代码
2	GB/T 25344—2010	中华人民共和国铁路线路名称代码
3	TB/T 1588—2005	铁路科学技术档案分类与代码
4	TB/T 2183—1991	铁路货运事故分类代码
5	TB/T 2184—2004	铁路行车事故统计代码

续上表

序号	标准号/文号	标 准 名 称
信息资源标准		
6	TB/T 2435—1993	铁路货车车种车型车号编码
7	TB/T 2633—1995	铁路职工伤亡事故代码
8	TB/T 2689.1—1996	铁路货物集装化运输词汇
9	TB/T 2689.2—1996	铁路货物集装化运输通用要求
10	TB/T 2689.3—1996	铁路货物集装化运输一次性集装袋
11	TB/T 2690—1996	铁路货物运输品名分类与代码
12	TB/T 2776—1997	铁路工种分类与名称代码
13	TB/T 2904—1998	铁路固定锅炉和压力容器压力管道设备事故代码
14	TB/T 2913—1998	铁路客车车型车号代码
15	TB/T 2966—1999	铁路运输设备分类与代码基本规定
16	TB/T 2971—2000	铁路行李、包裹事故代码
17	TB/T 3137—2006	铁路产品标识代码编制规则
18	TB/T 3154—2007	机车车辆车轮和轮箍伤损代码
19	TB/T 1736—1996	内燃、电力机车车型及车号编制规则
信息网络标准		
20	电计信息〔2001〕17 号	铁路计算机网络 IP 地址分配办法
21	运基通信〔2011〕431 号	铁路数据通信网编号规则及路由规范
22	运基通信〔2011〕432 号	铁路通信网运用管理办法
23	铁运〔2010〕193 号	铁路有线通信维护暂行规则
24	运基通信〔2011〕433 号	铁路数据通信网 IP 地址分配指导意见及报表要求(暂行)
25	铁运〔2005〕232 号	铁路运输应急通信管理办法
26	运基通信〔2011〕432 号	铁路数据通信网运用管理办法
27	运基通信〔2011〕397 号	铁路通信传输网资源管理办法
28	运基通信函〔2011〕606 号	铁路通信技术履历簿编制规则及管理要求
29	运基通信〔2011〕435 号	铁路 GSM-R 系统设备版本管理办法
30	铁运〔2008〕65 号	中国铁路 GSM-R 鉴权管理暂行办法
31	运基通信〔2009〕66 号	铁路 GSM-R 数据管理暂行办法
32	运基通信〔2010〕465 号	关于修订 GSM-R 数据移动通信网络数据报表填报办法的通知
33	铁运函〔2007〕305 号	关于规范铁路 GSM-R 电磁环境测试和台站设置办理程序的通知
34	铁运〔2010〕194 号	铁路无线通信维护暂行规则
35	铁运〔2012〕163 号	机车综合无线通信设备运用管理办法
36	铁运〔2011〕121 号	铁路数字移动通信系统(GSM-R)维护暂行规则
37	铁运函〔2008〕570 号	铁路专用无线通信系统场强检测管理办法
38	运装客车〔2010〕295 号	CRH 系列动车组车载信息无线传输设备技术条件(暂行)

续上表

序号	标准号/文号	标 准 名 称
信息安全保障标准		
39	铁信息〔2005〕122 号	铁路网络与信息安全信息通报管理办法
应用系统标准		
40	TB/T 3277.1—2011	铁路磁介质纸质热敏车票　第 1 部分:制票机
41	TB/T 3277.2—2011	铁路磁介质纸质热敏车票　第 2 部分:自动售票机
42	TB/T 3277.3—2011	铁路磁介质纸质热敏车票　第 1 部分:自动检票机
43	铁运函〔2008〕281 号	铁路客运车站补票系统配置技术条件
44	铁运函〔2008〕644 号	铁路客运车站补票系统对外数据接口
45	铁运函〔2007〕125 号	铁路客票发售和预订系统应急预案
46	铁运〔2011〕78 号	铁路互联网售票应急处置试行办法
47	铁信息〔2010〕158 号	列车调度指挥系统(TDCS)与运输调度管理系统(TDMS)信息交换规定
48	TG/D W317—2005 运基信号〔2005〕209 号	关于相邻路局间 TDCS 信息交换实施方案的通知
管理标准		
49	铁建设〔2007〕16 号	铁路客运专线技术系统集成管理办法
50	铁信息〔2005〕74 号	铁路运输管理信息系统认定办法
51	铁信息〔2005〕98 号	铁路信息工程建设项目竣工验收交接细则

注:不包括引用标准及拟编标准。

3)民航运输信息化标准

民航是一个国际化行业,航空公司要和很多其他合作伙伴进行信息沟通才能完成民航业务,包括机场、销售代理、其他航空公司、其他行业外服务商、海关等政府机构,因此民航在信息处理方面进行了大量的标准化工作。作为中国民航唯一信息服务提供商,中国航信在与国外航空公司、GDS 和代理人的交互中,应用了国际上民航业通用的很多标准,例如将国际航空运输协会(International Air Transport Association,IATA)的标准应用在了飞机及航空营运、机场和空中航行、货运、金融、乘客和商业活动、人身与财产安全、简化业务、旅行和旅游中;在运价收集、发布、使用、结算、管理中使用 ATPCO(Airline Tariff Publishing Company,航空运价发布公司)的标准;适用于代理人、航空公司、旅馆业者、汽车租赁业者、旅行社、娱乐业者之间信息互通的 OTA(Open Travel Alliance,开放旅游联盟)标准。

近年来,中国航信联合中国民航大学在航空运输领域订立的行业标准共计 24 项(其中已发布 7 项、待发布 15 项、立项中 2 项),涉及民航客运信息化数据传输的各个方面,包括不同航空公司之间旅客数据交换、联运开账、电子客票、电子杂费,等等。例如:《中国民航航空公司附加服务中电子杂费单标准》《电子客票——第三方离港数据交换规范》《中国民航附加服务中的联运电子杂费单数据交换标准》《中国民航附加服务电子杂费单——代理人规范》《中国民航客运简化联运开账数据规范》《中国民航服务费简化联运开账数据规范》《中国民航航空公司附加服务中电子行李标准》《中国民航航空公司旅客预订数据交换规范》等等。

标准的重要性也引起了中国民航局的高度重视，2010 年开始了民航信息化标准体系研究，建立起民航信息化所需标准的结构化蓝图，共分为八个部分，包括总体标准、信息技术基础标准、信息应用标准、信息资源标准、应用支撑标准、网络基础设施标准、信息安全标准和信息管理标准。在实践过程中不断总结经验，2014 年对其进行了重新修订。表 2-18 列出了已颁布实施的民航信息化标准。

民航运输信息化标准　　表 2-18

序号	标 准 号	标 准 名 称
1	GB/T 18041—2000	民用航空货物运输术语
2	GB/T 16300—1996	民用航空业信息分类与代码
3	MH/T 0019—1999	中国民用航空总局管理信息系统基础信息规范
4	MH/T 4013—2002	航站自动情报服务系统
5	MH/T 4018.1—2004	民用航空空中交通管理信息系统技术规范　第 1 部分：系统数据与接口
6	MH/T 4018.2—2004	民用航空空中交通管理信息系统技术规范　第 2 部分：系统与网络安全
7	MH/T 4018.3—2004	民用航空空中交通管理信息系统技术规范　第 3 部分：系统网络及接入
8	MH/T 4018.4—2007	民用航空空中交通管理信息系统技术规范　第 4 部分：GNSS 完好性监测数据接口
9	MH/T 4018.5—2007	民用航空空中交通管理信息系统技术规范　第 5 部分：电子公文交换接口
10	MH/T 4018.6—2009	民用航空空中交通管理信息系统技术规范　第 6 部分：人事数据交换
11	MH/T 4018.7—2012	民用航空空中交通管理信息系统技术规范　第 7 部分：数据安全
12	MH/T 4026—2009	民用航空空中交通管制综合信息显示系统技术规范
13	MH/T 4027—2010	民用航空空中交通管制语音通信交换系统技术规范
14	MH/T 1025—2009	民用航空行李运输无线射频识别规范
15	MH/T 1027.1—2009	运输文件和电报中使用的装载信息代码　第 1 部分：普通代码
16	MH/T 1027.2—2010	运输文件和电报中使用的装载信息代码　第 2 部分：危险品及其他需特殊照料的装载物信息代码
17	MH/T 1029—2009	货物航空运输代码
18	MH/T 7010—2003	民用航空运输机场安全检查信息管理系统技术规范
19	MH/T 0024—2003	电子客票、电子杂费凭证——航空公司部分
20	MH/T 0033—2010	电子客票　中性票
21	MH/T 5103—2004	民用机场信息集成系统技术规范
22	MH/T 5108—2009	民用机场地理信息系统设计导则

续上表

序号	标 准 号	标 准 名 称
23	MH/T 4025—2008	民用航空航班运行管理信息交换格式
24	MH/T 0025—2005	民用航空信息系统安全等级保护管理规范
25	MH/T 0026—2005	民用航空重要信息系统灾难备份与恢复管理规范
26	MH/T 0028—2008	民用航空信息系统应急管理规范
27	MH/T 0029—2009	民航科学数据共享元数据内容
28	MH/T 0031—2009	民用航空运输机场信息系统安全管理规范
29	MH/T 0032—2010	民航电子政务 IP 地址规划和域名命名规则
30	MH/T 0035—2012	民用航空网络与信息安全管理规范
31	MH/T 0036—2012	民用航空网络与信息安全评估规范
32	MH/T 0037—2012	民航电子政务机构与人员信息交换规范
33	MH/T 0038—2012	基于可扩展置标语言的民航电子政务电子公文格式规范
34	MH/T 0039—2012	旅客航空运输登机牌二维条码格式和技术要求
35	MH/T 0040—2012	民用运输航空公司网络与信息系统风险评估规范
36	MH/T 0041—2013	民用航空信息安全事件分类分级指南
37	MH/T 0042—2013	民用航空信息系统数据交换与共享管理规范
38	MH/T 0043.1—2013	电子杂费单　第 1 部分:航空公司
39	MH/T 0044—2013	附加服务中联运电子杂费单数据交换
40	MH/T 0045.1—2013	民航电子政务数字证书服务及技术规范　第 1 部分:服务
41	MH/T 0045.2—2013	民航电子政务数字证书服务及技术规范　第 2 部分:数字证书模板
42	MH/T 0045.3—2013	民航电子政务数字证书服务及技术规范　第 3 部分:USB Key 介质
43	MH/T 0045.4—2013	民航电子政务数字证书服务及技术规范　第 4 部分:证书应用集成

2.1.2.2　数据交换标准与技术现状

1)交通运输信息共享交换的标准

交通运输部颁布的《公路水路交通信息资源目录体系总体框架》对资源目录体系的建设提出了要求。在交通信息资源整合工程的建设中,重庆、四川等省市都建立了信息资源目录,期望实现信息的交换。资源目录体系能够实现所拥有信息资源的公示,但其本身不提供交换能力。

目前,交通运输信息共享交换的标准规定主要是专用的系统交换要求。代表性的标准包括《道路运输管理与服务系统数据交换接口》(JT/T 785—2010)、《道路运输与交通信息技术电子收费(ETC)参与方之间信息交互接口的规范》(GB/T 20610—2006)以及正在编制的水路运输管理系统技术要求和接口规范、内河航道管理系统技术要求和接口规范、出租汽车服务管理信息系统共享交换规范等,这些接口规范规定了本业务领域的交换要求,其交换需求是为了满足本业务领域的管理要求。这种交换模式的优点是效率高,实现简单。但由于不同业务系统建设单位各自规划,独立建设,封闭运行,形成了条状的交换格局,各条之间形成了数字鸿沟,无法满足日益增长的综合业务管理和政府决策数据支持的需要。交通运输行业信息交换标准如表 2-19 所示。

交通运输行业信息交换标准　　表 2-19

序号	标　准　号	标 准 名 称
1	GB/T 26782.2—2011	卫星导航船舶监管信息系统　第 2 部分：系统信息交换协议
2	JT/T 486—2002	交通统计信息交换格式
3	JT/T 765.2—2009	长江电子航道图制作规范　第 2 部分：数据传输
4	JT/T 767—2009	北斗卫星导航系统船舶监测终端数据交换协议
5	JT/T 785—2010	道路运输管理与服务系统数据交换接口
6	JT/T 825.3—2012	IC 卡道路运输证件　第 3 部分：IC 卡道路运输证数据格式
7	JT/T 825.5—2012	IC 卡道路运输证件　第 5 部分：IC 卡从业资格证数据格式
8	JT/T 867.1—2013	内河航运综合信息服务电子报文　第 1 部分：基于 XML 的船舶电子报文
9	JT/T 867.2—2013	内河航运综合信息服务电子报文　第 2 部分：基于 XML 的船员/乘客清单报文
10	JT/T 867.3—2013	内河航运综合信息服务电子报文　第 3 部分：基于 XML 的航行通告与航行警告报文
11	JT/T 905.4—2014	出租汽车服务管理信息系统　第 4 部分：数据交换与共享
12	JT/T 979.3—2015	道路客运联网售票系统　第 3 部分：数据交换与共享
13	JT/T 1006.1—2015	交通运输统计分析监测和投资计划管理　第 2 部分：数据交换与共享
14	JT/T 981—2015	船舶基础信息采集交换接口规范
15	JT/T 1078—2016	道路运输车辆卫星定位系统　视频通讯协议
16	JT/T 1021—2016	交通运输基础服务信息系统　基于 XML 的数据交换通用规则
17	GB/T 29099—2012	道路交通信息服务　浮动车历史数据交换存储格式
18	GB/T 20610—2006	道路运输与交通信息技术　电子收费(EFC)参与方之间信息交互
19	GB/T 26772—2011	运输与仓储业务数据交换应用规范
20	GB/T 19947—2005	运输指示报文 XML 格式
21	GB/T 19948—2005	运输计划及实施信息报文 XML 格式
22	GB/T 20525—2006	运输设备堆存报告报文 XML 格式
23	GB/T 20526—2006	运输设备进场/出场报告报文 XML 格式
24	GB/T 20534—2006	基于 XML 的运输工具到达通知报文
25	GB/T 20535—2006	基于 XML 的运输工具驶离通知报文
26	GB/T 20925—2007	基于 XML 的道路客运结算数据交换
27	GB/T 22430—2008	集装箱运输电子数据交换进/出门报告报文
28	GB/T 22431—2008	集装箱运输电子数据交换船舶离港报文
29	GB/T 22432—2008	集装箱运输电子数据交换挂靠报告报文
30	GB/T 22433—2008	集装箱运输电子数据交换堆存报告报文
31	GB/T 22434—2008	集装箱运输电子数据交换运输计划及实施信息报文

续上表

序号	标 准 号	标 准 名 称
32	JT/T 656—2006	基于XML的货物装卸和搬移报告报文
33	JT/T 725—2008	集装箱多式联运电子数据交换　基于XML的装/卸报告报文
34	JT/T 726—2008	集装箱多式联运电子数据交换　基于XML的舱单报文
35	GB/T 28787—2012	城市公共交通调度车载信息终端与调度中心间数据通信协议
36	JT/T 466—2001	集装箱船装/卸报告报文

在数据交换格式方面，现有的交通运输数据交换标准大都基于XML格式。基于XML的信息封装方式可以将交通运输业务系统存储的数据转换为统一、标准的XML信息格式，统一存储到数据中心，同时也把数据中心的数据转化为XML信息格式，供其他系统应用，从而完成各系统之间的数据交换[1]；应用XML实现异构系统之间的公共交通信息数据交换，可以在不改变运行规则的前提下，进行数据的交换与共享，并且易于为其他新加入的子系统扩展通信[2]；XML将有效地通过信息这个纽带充分协调整个交通系统，保证一体化交通高效协调运作。综上所述，基于XML的数据交换格式表示适合交通运输行业信息系统异构、复杂的特点。

综上所述，在交通运输行业，各业务领域系统内部的交换已经制定了一些标准，并已发挥作用。相关的研究也奠定了良好的技术基础，但从整个行业来看，研究尚缺乏一种开放、系统的共享和交换机制，以覆盖交通运输数据交换的全过程，并形成标准，实现更大范围的安全、可控、畅通的共享，发挥交通运输信息数据的综合效益。

2）交通运输数据交换技术应用与实现

交通运输行业各应用系统和信息资源的异构性，包括硬件平台、操作系统、数据库的异构性，也包括信息资源在语法、语义方面的异构性，还包括各职能部门在业务特点、工作方式上的差异等，造成了应用系统之间的信息交换与共享难度大。

为解决异构问题，以面向服务体系结构（Service Oriented Architecture，SOA）为框架，以企业服务总线（Enterprise Service Bus，ESB）为基础，构建数据共享交换平台，能够提供跨平台数据交换服务，对数据转换和传输过程实现集中统一控制和规范管理，同时还能保持各业务系统的独立性[3]。正在实施的公路水路安全畅通和应急处置系统、交通运输经济运行监测预警与决策分析系统等“十二五”交通运输信息化重点工程中配置了ESB，其基本思想是利用SOA实现交换功能，ESB提供服务的寻址、路由、映射等功能。

中间件是解决分布异构问题的一个方法[4]，基于中间件技术设计的交通信息平台可以有效实现对已有系统的信息整合，为交通信息平台用户的信息需求提供数据支持。道路运输信息系统部省联网工程采用中间件产品“东方通”实现数据指标的交换，中间件能够提供数据交换的映射、安全、监控、路由、协议转换等功能。

以上成功案例的共同点在于应用一种松耦合的组件式交换模式实现交通运输信息系统之间的交换，包括中间件、SOA、ESB等都具有相似的特点。

贵州省交通运输信息资源数据交换系统[5]采用前置机、中间库模式（先由源系统开发单位开发数据接口并推送数据至中间库，再通过数据交换平台将中间库的数据抽取至数据中心）和基于日志变化的数据捕获模式（通过数据交换平台软件来实现对数据源的非侵入式采集)进行数据交换。

四川交通运输信息资源数据交换系统[6]采用基于XML的信息封装方式进行数据交换,形成通用的格式和统一的接口进行交换和表示,不同源的数据被封装到XML数据包中,这些数据包有统一的数据包头,它们包含了很多的处理参数和为了进行安全和事务处理所准备的特殊字段的描述。

吉林省道路运输系统通过引入计算机支持的协同工作技术(CSCW),提出资源整合、协同式网上办公的设计思路,实现资源共享,该系统可以实现不同地域间的管理人员协同完成道路运输管理工作,强调系统工作的整体性,不同地域间工作的协同性[7]。

交通信息化基础性标准(一期)项目[8]中,提出了交通运输数据交换通用规则,该规则对交换报文的格式、表示、加密及压缩等进行规定,但未涉及交换方式。正在研发部署的道路运输联网与交换平台提出采用Web Service模式实现全国道路运输信息系统之间以及和部管理系统之间的数据交换。这些交换模式的设计和实践对于更大范围的交换构建都具有一定的参考价值。

3)交通运输信息交换模式

电子政务中的共享交换模式发展较早,相关研究对交通运输行业的交换也具有参考作用。张新宇等从协同学角度构建电子政务系统中信息资源共享子系统与业务子系统的协同模型[9],该模型中初始状态下各部门的电子政务系统建设是各自孤立的,呈无序状态,在一定的外界环境和业务需求推动下,发生由序参量协同作用形成新的有序状态的涨落,序参量通过业务需求信息的不断输入及业务应用信息的不断输出,通过正反馈维持自组织的现行结构,并通过新的涨落来获得发展;李阅苗通过制定企业基础信息交换流程和共享指标体系,建设企业基础信息交换平台,实现工商、国税、地税、质量技术监督等部门间企业基础信息的实时交换[10]。

在通用的信息系统交换中,郭晓丽等[11]提出基于数据元的DRM四层数据共享与交换模型,模型采用基于数据元的公共数据描述,给出了语义模型的构建规则,提出基于服务的数据交换方式,从而达到不同用户对数据理解的一致;周芳[12]提出一种基于模型驱动的元数据管理技术,参照XML元数据交换标准,以XML作为中间数据文件格式,制定了统一的元数据交换格式,来实现元数据在异质异构环境中的共享;郭向阳[13]基于数据库复制技术提出数据交换平台研究与实现;闫凤良[14]认为由于在交通信息共享平台进行共享和交换的数据来自不同的应用系统、不同的数据库,因此,透明地操作多种数据源成为一个关键问题,提出利用XML实现异构系统之间的数据交换,保证交通运输系统信息共享,并实现与其他信息系统的互联与集成;张晓钧[15]基于CWM标准,运用J2EE体系结构和三层应用框架的方式,结合数据集市,采用页面元数据自动抽取技术和改进的元数据编辑器技术,通过E-government数据交换平台设计,实现浦东新区各委办局信息系统的统一元数据管理系统;莫赓等[16]设计了电子政务信息交换平台,数据交换模式包括3大类,即点到点、点到多点和共享,提供了3种主要的交换模式实现这3类交换,包括基于消息/事件驱动交换模式,基于请求/响应的交换模式,基于发布/订阅的交换模式。

分析现有的交通信息化标准规定和工程实施,无论是哪种交换方式,都无法解决交换系统的封闭问题,其主要原因在于交换内容及方式的人治特征,即如果需要某个系统的某些数据,则需要专门开发或者修改接口。通用的交换方式较为灵活,可以通过配置的方式来实现,但仍不能摆脱人工参与。由于交换需求具有不断变化的特征,现有的几种模式都使得数据交换成本增大,久而久之,除非常必要的交换,系统之间尽量减少交互,即使是迫不得已的交换需求,其难度也较大。在"十二五"多项交通信息化工程中,一些基本数据的采集动辄需要上千万的建设资金,这从一个侧面反映了现有交换体制的问题。

交通运输数据共享和交换虽然在各个系统和数据中心的内容不同,但是数据共享交换是有共性的,通过对交通运输交换标准中规定的研究,张绍阳提出了共享交换标准模型,为交换标准的建立和规划提供参考。在该模型中,交通运输数据使用标准的方式进行发布,交换双方在安全标准的保证下,通过通用的数据交换和接口访问协议,访问经过授权的、能够理解的数据,并进行高效传输。

2.1.3 体制机制现状

条块是我国行政组织体系中基本的结构,"条条"指的是从中央到地方各级政府业务内容的性质相同的职能部门,"块块"指的是由不同职能部门组合而成的各个层级政府,条块关系就是不同的政府组织在条块结构基础上形成的交互关系。其中,上级政府职能部门与下级地方政府之间形成业务上的指导关系;上级政府职能部门与下级政府职能部门之间形成领导与被领导的关系;上级政府与下级政府之间存在利益的博弈与平衡,是条块关系的核心。条块关系在各个不同的层面和各个不同的领域影响和制约着整个政府的行政管理。

在不同的层级和不同的权力结构中条块关系表现出不同的类型,在交通运输领域,总体来说我国采用条块结合的行政管理。其中,公路水路实行条块结合、以块为主的管理,铁路民航实行条块结合、以条为主的管理[17]。

各种运输方式的信息化是综合运输信息互联互通的基础。不同条块关系下,各运输方式信息化推进方式、数据资源结构都有所不同,这给综合运输信息互联互通工作的推进带来了挑战。

2.1.3.1 不同运输方式的信息化体制机制

1)公路水路信息化体制机制

部级层面,交通运输部科技司负责组织拟订公路、水路行业信息化政策,综合规划司负责组织拟订行业信息化发展规划和部投资信息化项目的工可审批工作,部水运局负责初步设计的审批工作,各业务司局负责根据业务领域发展需求,提出信息化建设建议,并组织实施。为了加强信息化统筹推进,成立了网络安全与信息化领导小组,由分管副部长担任小组负责人,成员主要由相关司局领导组成。

省级层面,信息化管理工作一般由省交通运输厅科技处、规划处和信息中心三个部门共同负责,业务处室配合提出需求。但在不同省份上述三个部门承担的责任不尽相同,与业务处室的关系也不尽相同。

2)铁路信息化体制机制

(1)铁路信息化组织体系

铁路信息化组织体系面向总公司、局、站段三级,覆盖信息化项目的管理、实施、运维、应用等环节。

①铁路总公司级的组织体系

由铁路总公司信息化办公室、铁路总公司信息技术中心、路内开发团队及铁路总公司业务司局相关人员共同组成铁路总公司一级的信息化管理、实施、运维及应用组织体系。

②铁路局级的组织体系

由路局信息化处、路局信息所、路内开发团队及路局业务处室相关人员共同组成铁路局一级的信息化管理、实施、运维及应用组织体系。

③站段级的组织体系

由重点站段的信息技术所、路内开发团队、站段业务科室相关人员共同组成站段一级的信息化实施、运维及应用组织体系。

(2)铁路信息化保障机制

目前,铁路信息化正由大规模系统建设阶段向系统集成整合阶段过渡,如何确保各系统的安全、可靠运行是现阶段需重点考虑的问题。为有效支撑铁路信息系统的建设、运维,铁路目前正逐步推进六大保障机制的建设,具体包括:标准规范机制、信息安全保障机制、管理控制机制、评价考核机制、运行维护机制以及人才队伍机制六部分内容。

①标准规范机制

铁路信息化标准规范是针对铁路信息技术开发、信息产品研制和信息系统建设、运行与管理而制定的标准与规范体系,为铁路信息化建设提供标准和技术依据。铁路信息化标准体系框架由多个相互制约、相互作用、相互依赖和相互补充的分体系构成,包括铁路信息化建设所必需的现有的、正在制定的和应予制定的所有标准。

铁路信息化标准规范由通用标准、信息资源标准、网络基础设施标准、信息安全标准、应用标准及管理标准六个分体系组成。

②信息安全保障机制

铁路信息安全保障是在铁路信息系统的整个生命周期中,通过对信息系统的风险分析,制定并执行相应的安全保障策略,从技术、管理、工程和人员等方面提出安全保障要求,确保信息系统的保密性、完整性和可用性,降低安全风险到可接受的程度,从而保障系统实现组织机构的使命。铁路信息安全保障体系的目标是保护信息资产及业务过程的保密性、完整性和可用性。

铁路信息安全保障机制包括安全策略、安全技术、安全流程及安全规范四部分内容。其中技术部分只是一种辅助的手段,更多则需要依靠管理上的支持,具体来说是一个管理框架。

③管理控制机制

铁路信息化管理控制机制是应用管理控制的理念,结合 IT 治理的思想,在铁路信息化建设周期中的规划、实施、运行和后评估等不同的阶段,使企业信息系统建设与企业业务发展相匹配,整合企业核心竞争力,实现铁路信息化最大价值的一套机制。

铁路信息化管理控制机制包括三个部分:组织架构、管控流程以及管理机制。

④评价考核机制

铁路信息化评价考核机制是指按照统一的信息化指标体系和评价标准,运用科学的方法,通过一定的程序,对企业一定时期内信息化项目的管理、实施与效果,信息化工作体系的业绩和能力做出客观、公正的综合评价,并建立相应的激励机制。

铁路信息化评价考核机制包括考核对象、考核指标及评价方法三个部分。

⑤运行维护机制

随着路局和站段投入运行的软件系统、硬件平台越来越多,系统结构也越来越复杂,出现问题的环节也越来越多,铁路信息系统运维工作面临着新的形势和任务。铁路总公司需要从服务并支撑业务运营发展出发,树立新的运维理念,有效整合铁路总公司各类信息技术和服务资源,建立并完善持续、高效的服务体系和机制,确保系统稳定、高效、安全运行,支持总公司业务运营与发展。

铁路信息系统运维机制包括运维组织结构、运维管理对象、运维管理流程、运维服务内容和运维技术支撑五个部分。

⑥人才队伍机制

铁路信息化的人才队伍面向铁路总公司、局、站段三级,覆盖信息化项目的管理、实施、运维、应用等环节,同时广泛吸纳社会力量,进行信息系统规划、咨询及建设。

铁路信息化的人才队伍包括信息化管理队伍、信息化实施队伍、信息化运维队伍、信息化应用队伍以及路外信息化力量五个部分。

3)民航信息化体制机制

(1)民航信息化组织体系

中国民航局成立了信息化工作领导小组,负责全行业信息化的指导协调工作,制定相关政策[18]。中国民航局信息中心是中国民航局直属事业单位,下设综合处、科技规划处、运行保障处、信息资源管理处、网站管理处等部门,负责组织协调、指导和监督民航电子政务各类信息系统建设工作,为民航行政机构开展信息化工作提供技术支持。

(2)民航信息化建设机制

中国民航局在信息化建设中的政府定位比较清晰,并积极引入市场化手段参与行业的信息系统建设。

在投资方面,用于中国民航局管理的信息化项目,包括电子政务系统和监管系统两类,主要由中国民航局投资建设。用于公众服务的系统,政府不投资,由机场或者航空公司自己建设。通常,机场建设时会要求配建相应的信息化设施。

在建设方面,中国民航局作为甲方,投资购买信息科技供应商的解决方案。中国民航信息网络股份有限公司(简称“中航信”)是中国民航信息集团旗下的重点企业,作为中国航空旅游业信息科技解决方案的主导供应商,承接了大多数政府投资的民航信息化项目。

(3)民航信息化推广机制

中国民航局实行垂直管理,许多信息化项目建设,如民航安全监管系统,可采用“统一建设、复制推广”的模式。相对而言,形象信息化业务系统推行的比较容易,目前,中国民航局和地区管理局在信息化建设方面的关系协调上比较顺利。

中国民航局下设的地区管理局未单独设立信息中心,也没用针对各个地区管理局信息化项目的维护出台相应的规范要求。目前,主要是各个地区管理局自主寻找企业维护,普遍采用“谁建设谁继续维护”的模式。

2.1.3.2 综合运输信息互联互通机制

综合运输信息互联互通,在不同层级政府开展,同时充分发挥市场的作用。目前,中央政府层面,交通运输大部制改革刚刚完成,综合运输信息互联互通机制尚未形成;地方政府层面,在区域经济一体化的背景下,部分区域跨区域、跨部门的交通运输信息互联互通机制在探索中逐渐形成。

1)中央政府层面

长期以来,在中央政府层面,我国交通运输业实行各种运输方式分部门管理,原交通部主管水运和公路,原民航总局负责航空机场,原铁道部负责铁路,形成按运输方式的"条条"管理体制。这种"条条"管理体制导致了我国交通运输业的资源利用效率较低,成为制约我国经济进一步发展的瓶颈[19]。

随着政府行政体制改革,政府部门逐步向大部制、宽职能、少机构的方向发展[20],交通运输大部制改革也逐步推进。2008 年,国务院机构改革方案将原交通部、原中国民用航空总局的职责、建设部的指导城市客运职责进行整合,组建了"大交通部";2014 年,交通运输大部制改革又向前进了一步,形成由交通运输部负责管理国家铁路局、中国民用航空局、国家邮政局的交通运输大部门管理架构格局,标志着我国交通运输大部门体制改革落实工作顺利完成。

交通运输大部制改革有助于去除原部门分设行政体制对推进综合交通运输体系建设的障碍,但大部制改革走出的这一步,并不意味着综合交通运输在其体制机制转变上的障碍就可以自行克服。从实践上来看,当前阶段,我国整合后的交通运输部也只是形式上把组织机构统筹起来,大部制下的交通运输领域仍存在条条分割管理[21],发达国家在实行交通大部制后也都有过长期的磨合过程[22],我国的交通大部制改革任重而道远。

在大部制改革的初级阶段,不同运输方式的条状管理,管理部门分割和部门利益的问题依然存在,部级层面综合运输信息互联互通机制的缺乏,使得我国各种交通运输方式在服务网络有效联结、交通资源配置、交通信息传递等方面效果和效率不够理想,也不利于地方政府推进综合运输信息互联互通工作的进行。

2)地方政府层面

各级地方政府为了促进经济发展,转型服务,满足行业发展需求,从业务需求出发,推进综合运输信息互联互通。政府间合作关系的建构会经历肇始的破冰接触,到逐渐深入的理解信任,从点滴接触到全面合作的过程[23]。

(1)跨区域政府间合作

随着经济的发展,在长期的经济互动中长三角地区的各级政府都意识到区域发展的重要性,逐渐达成合作共识[24],并在陆续的区域合作中建立起有效的合作机制,为区域政府各方面的合作提供了常规性和功能性的制度保障[25]。

交通一体化是推进区域一体化的重要基础,"构建区域内大交通"是区域一体化的首要任务。交通基础设施一体化是区域内综合交通一体化的前提,交通运输信息的一体化是综合运输一体化发挥经济社会效用的关键。随着区域交通一体化推进,长三角城市群间已形成便捷连通的城际高速公路网络,铁路客运专线及城际轨道交通正加速发展,综合交通基础设施网骨架已经形成[26]。从 2009 年开始,长三角交通运输主管部门着手开始信息资源共享合作工作。

在区域全方位合作的政治经济环境背景下,在政府长期合作构建的制度保障下,2013 年

6月三省一市建立了长三角交通信息资源共享合作联席会议制度。三省一市每年召开两次联席会议,各省(市)政府分管交通运输厅的领导出席会议,协调长三角信息资源共享工作。联席会议下设各省(市)联络员,负责具体落实会议确定的工作内容和目标。联席会议有效推动了长三角交通信息资源共享的进程。

(2)跨部门协作

综合运输信息互联互通除了需要交通部门的信息外,还与其他政府部门存在信息共享的需求,这就需要跨部门的信息共享与合作。跨部门协作是一个循序渐进的过程,应分层次推进。初步协作(核心型协作)要针对社会民众最为关注,反应最为明显的公共服务诉求所做出的协作反应[27],然后逐渐扩大协作范围,形成常规机制。

跨部门的交通运输信息共享以交通安全应急保障为突破点。为了对全省节日期间道路、水路、民航和城市交通等交通运输方式实行综合指挥协调,全面加强特殊气象条件下、公路大流量情况下运输保障和安全监管工作,浙江省成立了综合交通应急指挥部。指挥部由交通、公安、宣传、安监、海事、气象等12家单位部门共同参与省建立,初步实现了公路、水路、铁路、航空和城市交通等业务的监管。

这种跨部门的协作有助于各部门在合作的过程中加深了解,从而找到各方的业务合作切入点、信息共享赢利点。并通过进一步的沟通协调,签订合作协议框架,形成常规合作机制,为后期工作推进提供保障,避免人员调动等原因造成的合作搁置。目前,浙江省交通运输厅通过多种方式与公安、广电、铁路等多个部门签订了协议,实现了业务信息共享。

3)市场层面

在江苏省交通运输厅、中国铁路信息技术中心指导下成立了国有股份制企业"江苏运联信息股份有限公司",简称"江苏运联"(Trans Union),立足于港口、铁路运输信息化建设与应用。通过铁水联运公共信息平台,根据不同的客户需求,提供不同形式的信息服务。提供EDI中心解决方案,为港口提供EDI中心建设和运营服务。

"江苏运联"深入港口业务内部,提供港口信息化建设服务,从最基础的业务需求出发,实现水铁联运信息互联互通。开发的连云港口岸海铁联运公共服务系统,实现了港口和铁路的无缝对接,是全国六条铁水联运示范线中首个上线的信息系统。系统的正式运行,对进一步推动口岸信息化建设,完善综合运输体系,提高港口运输效率和服务水平,推动铁水联运试点示范具有重要意义。

2.1.4 法律法规现状

2.1.4.1 各种运输方式法律法规自成体系

目前,不同的运输方式有不同的法律法规体系。这些法律法规构成了基本完备的交通法体系,但是,不同运输方式的法律法规自成体系、相对独立。在法律方面,公路运输有《中华人民共和国公路法》,铁路运输有《中华人民共和国铁路法》,水运有《中华人民共和国海商法》《中华人民共和国港口法》和《中华人民共和国海上交通安全法》,民航有《中华人民共和国民用航空法》。在法规方面,有《中华人民共和国公路管理条例》《收费公路管理条例》《公路安全保护条例》《中华人民共和国道路运输条例》《铁路安全管理条例》《国内水路运输管理条例》《中华人民共和国内河交通安全管理条例》《中华人民共和国航道管理条例》《中华人民共和国国际海运条例》《中华人民共和国船员条例》《中华人民共和国船舶登记条例》《民用机场管理条例》《通用航空飞行管制条例》《民用航空运输不定期飞行管理暂行规定》等。其中，各体系法律法规涉及信息共享方面的规定少之又少。水路运输方面，《国内水路运输管理条例》中明确了关于班轮航线所使用的船舶、班期、班次运价等信息的公开公布以及未按规定公布相关信息须接受的处罚，《中华人民共和国内河交通安全管理条例》中明确了海事管理机构应公告会影响船舶适航航行的海上环境及情况，《中华人民共和国海上交通安全法》中规定了海上交通管制区和港口锚地的相关信息经上级机关批准后公告、统一发布航行警告和航行通告，《中华人民共和国船员条例》中要求海事管理机构公开管理事项、办事程序、举报电话号码、通信地址、电子邮件信箱等信息，《中华人民共和国船舶登记条例》中规定公开船舶抵押的相关信息及抵押权的登记状况并可供公众查询。陆运方面，《中华人民共和国铁路法》规定了必须公告旅客运输和货物运输相关的运价及运输杂费的收费项目及收费标准。民航方面，《中华人民共和国民用航空法》明确了民用航空器权利登记事项可供公众查询、复制或者摘录，《民用机场管理条例》要求国际机场的开放使用及国际机场资料由国务院民用航空主管部门对外公告。然而，公路运输的相关法律法规并未涉及信息共享方面内容。

以上这些法律法规涉及信息共享方面的规定均为各种不同运输方式内部的信息公开共享，并没有与其他运输方式相关联。此外，相关部门仅是公开了与公众相关的部分信息，对于有利于行业内部互联互通方面的信息并没有涉及。

2.1.4.2　综合运输法律法规欠缺

国内综合运输方式，比如海铁联运、公铁联运等方式，已经有了多年的发展历史，其各自相关的信息系统平台也已经研究开发。随着多式联运的发展，对信息化及信息技术的要求也逐步提高。然而作为基础建设的国内相关法律法规并没有出台。目前，中国在多式联运方面仍参照不同运输段运输方式的法律法规以及国际多式联运的法规，由于缺少国家层面的立法规定及鼓励、刺激政策，各种运输方式很难打开局面进行信息互联互通。

2.2　国外综合运输及信息互联互通发展现状

2.2.1　日本综合运输及信息互联互通情况

2.2.1.1　发展过程

日本从 20 世纪 60 年代起开始重视综合运输研究和有关政策的制定。从 60 年代的“联合运输”、70 年代的“综合运输体系”，到 80 年代以后的“综合性交通政策”等政策导向，为该国相应时期经济高速增长、国土开发、应对全球化和老龄化等的调整发挥了重要作用。随着社会的发展和进步，日本已经基本形成了现代化综合运输体系并逐步进入成熟阶段。其发展历程如下：

第二次世界大战后恢复时期日本政府制定并颁发的“国土综合开发法”，阐明了交通运输的重要地位，为日本综合运输政策的制定和发展奠定了良好的基础。1955 年制订经济发展计划时，就用了“综合运输体系”这一概念，此后对综合运输体系和政策进行了大量研究。1971 年在日本经济计划厅综合计划局内设立了“综合运输问题研究会”。

1980 年，日本交通省提出《基于长期展望下的综合运输政策的方向》。其基本思路是在日本综合运输进一步发展过程中，重点提高综合运输系统发展的质量[28]。1981 年，日本运输政策审议会特别强调了实施综合运输政策对保持经济长期稳定增长的必要性，并发布了

“日本21世纪的展望”报告，在此基础上制定了第4个“全国综合发展计划”。

1999年，日本交通省发布《日本运输经济报告》，针对21世纪新时代的要求以及日本未来经济和社会的变化，对交通运输政策进行调整和制定，调整的重点及效果主要体现在构建城市间高速干线运输体系、发展和充实城市快速运输体系、提升和完善现代物流体系、强化对外交通体系四个方面。

2000年10月，日本运输省以移动的便捷性、运送的效率性、环境的和谐性以及出行的安全性等作为新时期日本交通发展的政策实施重点，提出了《21世纪初日本综合运输政策的基本方向》。同年，日本政府提出了《21世纪交通运输技术战略》。其基本思路是：以进一步提高交通运输的安全性、构筑循环型经济社会所需要的交通运输体系、适应交通运输多样化和高级化、提高交通运输部门的经济效益、推进交通应用技术的国际标准，以提高国际竞争力为着力点，大力发展系统化、网络化和信息技术，促进和提高交通运输系统高级化和智能化。

2.2.1.2 主要措施

1）法律法规

日本是注重法制建设的国家。在推进综合运输体系建设上，也是从完善法制入手，颁布强制性法规标准，并注重加强监管严格执法。日本法律的基本特点是基本法与配套法、直接法与间接法的相互衔接，有机结合，逐步完善法律体系。早在1950年日本就制定了一部关于国土综合开发的基本法《国土综合开发法》，此后又陆续制定了一百余部配套法规[29]。2007年，日本政府颁布了《关于发展地域公共交通运输的法律》，并同时颁布了该法律的《施行令》《施行规则》以及《基本方针》等，从而有力地推进综合运输体系建设，保证了交通运输的健康发展。

2）标准规范

日本参与标准制定工作的中坚力量主要是各大相关企业，这些企业为了通过国际标准迅速占领国际市场，很积极地参与国际标准制定。

日本的Smartway研究项目中包括一个道路通信标准（Road Communication Standards）的内容，其目标就是要确保智能交通系统（Intelligent Transport System，ITS）之间的信息互用性。其中，利用数据字典来描述最小信息单元的意义和性质，例如ITS系统相互交换的信息中包含的数据元素。各种系统的设计者都可以通过参考数据字典来选择恰当的数据元素。数据字典通过定义数据元素的元属性，如名称、意义和数据符号等，来确保ITS系统间准确的信息交互。

日本还建立了TC204国内对策委员会，负责汇总智能运输系统相关团体、企业、学会提出的标准化意见。委员会的全体会议在日本汽车学会内召开，在各专业团体内设置了与TC204各工作组对口的分委会秘书处。

3）管理模式

在近50多年的时间里，日本交通运输行政管理机构经历了4次重大的体制改革，经历并实现了由分散到集中、由集中到统一、由统一到综合、由综合到完善的发展变革历程。2001年1月，日本中央政府的机构改组得以最终完成，新成立的“国土运输省”由运输省、建设省、国土厅、北海道开发厅合并而成。“国土运输省”的成立使日本国土资源能够最有效地综合利用及系统开发，以保持最大限度地利用海陆空立体空间和各种资源。

4）资金支持

日本交通建设投资分为两大部分：一部分是购置车、船等活动设备（除铁路的机车车辆等活动设备外)的投资,基本由民间投资来完成;另一部分是对铁路线、桥隧、港口、机场等固定设施的投资,基本由政府的公共投资(主要是预算拨款)来完成,其中也包括信息化系统建设。

5)市场作用

日本交通发展初期,综合运输规划的制定采取自上而下的模式,依靠政府的主导力量,借助法律、法规,确保交通快速有序的发展。同时,日本政府把开放、统一的市场体制建设置于重要地位,充分发挥市场的作用,通过市场增强运输企业的活力,提高运输效率,加快交通运输业的发展,实现各种运输方式的合理分工和高效运行。

在综合运输体系步入成熟阶段后,日本在竞争的基础上引入"协调和统筹完善"原则,通过政府对交通运输市场的调节作用,依托各种手段,包括信息化手段,提高运输系统的整体效率和运输资源配置效率,在培育和提高交通运输企业的竞争能力,改善产业之间、企业之间的竞争环境,维护良好的市场秩序方面取得了很好的政策效果。

2.2.1.3　主要应用

1)基于 ITS 的公众出行信息服务系统

1991 年,日本政府在建设省主持下开发了"路车间信息系统"(RACS,Road Automobile Communication System)。同年,警察厅基础移动交通信息通信系统(AMTICS,Advanced Mobile Traffic Information and Communication System)开发了"新交通管理系统"(UTMS,Universal Traffic Management System)。

1994 年 1 月,日本成立了由五个部门支持的"道路·交通·车辆智能化推进协会"(VERTIS,Vehicle,Road and Traffic Intelligence Society),促进日本智能交通领域技术、产品的研究开发及推广应用工作的开展。同年 4 月,日本开始实施 VICS 系统(Vehicle Information and Communication System),通过警察厅、运输省、邮政省、建设省等部门的合作,采集公路和城市道路信息、交通流状况信息、事故信息、施工信息、停车场状况等,处理和编辑后发布给出行者,为公众提供实时、动态的出行前、出行中和目的地信息服务。截至 2013 年 9 月底,VICS 出行信息服务已覆盖了全日本,安装 VICS 车载终端设备的车辆已达 3958 万辆。

随着智能交通系统(ITS)建设的推进,各种运输方式信息资源共享在日本得到了快速发展。2004 年,日本提出了"ITS 第二阶段发展战略:智能道路(Smartway)"行动计划。Smartway行动计划将实现各种 ITS 技术的集成,包括 VICS、ETC 和 AHS 等,并建设一个名为 ITS Platform 的开放共用平台,为车辆、驾驶员、行人及其他用户提供共享信息服务。

2)铁路港湾集装箱物流一体化信息系统

铁路港湾集装箱物流一体化信息系统是连接铁路与港口货运的信息系统,实现日本国内国际多式联运,是构成东北亚物流信息网络的重要系统。该系统由"集装箱物流信息服务"(Container Logistics Information Service,Colins)和"货物信息网系统"(Freight information Network System,IT-FRENS)组成,通过可视化的方式,将集装箱在铁路及港口、海上的位置等信息,实时传递给货物相关各方。

国土交通省开发的港口集装箱物流信息系统 Colins,以网页的形式向码头操作员、货主、货代、货物运输公司等海运相关各方提供集装箱物流信息服务,内容包括:进出口集装箱搬入搬出可否信息、空闲信息或滞留时效信息、码头地区拥堵可视信息、闸口开放时间信息等。使用者还可以把集装箱动静信息导入自己的系统。

IT-FRENS 是由日本货物铁路(日本货物铁道株式会社,Japan Freight Railway Company,缩写为 JR Freight 或 JRF)开发的铁路货物集装箱运输系统,2004 年投入使用,当年即削减成本约 20 亿日元。它是日本货物铁道株式会社的铁路集装箱输送基干系统,主要功能包括货物列车集装箱预约管理、货物列车的到发管理、集装箱与货车的位置管理、与使用者的系统进行数据交换等。使用者通过网站预约列车时,系统会根据运输公司的货物搬入时间与希望的卸货时间等指定条件筛选最合适的列车。系统可细化到对每一个集装箱进行信息收集与处理,利用 GPS 以 2 分钟间隔的频度进行位置确认,并将相关信息传送给系统。发生运输故障时,系统可以录入故障情况、受影响车辆、到发时间预测等,货物运输相关人员可以随时查询。IT-FRENS拥有人性化的操作系统,便于预约与查询,提高了揽货、货物堆卸、货物运输效率。

此外,为提高海铁联运物流作业效率,国土交通省与日本货物铁道株式会社合作,将两个系统进行了对接,于 2012 年 5 月 22 日投入使用。目前系统对应的港口有东京港、川崎港、横滨港、大阪港、神户港、四日市港、新潟港、博多港,今后将陆续扩大。铁路港湾集装箱物流一体化信息系统的建立,使多方货运机构通过系统获取并共享实时信息,减少了相互问询次数,降低了多层信息传达带来的错误概率;实现了效率配车,减少了运输过程中的闸口拥堵现象。

3)徒手旅行计划

日本的新世界机场系统技术研究组织组织实施的“徒手旅行计划”项目,通过信息化手段实现了城市道路交通运输与航空运输的无缝衔接,满足旅客“徒手旅行”的需求。该服务目前主要在成田机场两家航空公司的部分航线实施。

“徒手旅行计划”的具体流程如下:从成田机场出发乘国际航班的“徒手旅行”旅客在出发前通过信息系统向机场宅配公司提出申请,宅配公司根据旅客的申请到旅客家中提取行李,并运往成田机场,拴上 e-标签,运到成田机场的临时存放区域。旅客在预定出行当天,徒手前往机场,办理好登机手续,并对行李进行安检确认,安检后行李被搬上飞机。到达目的机场后,旅客提取自己的行李离开。在整个运输过程中,旅客的行李可以通过 e-标签进行管理,行李的搬运状况也可以通过计算机进行确认,确保了行李的快捷和安全运输。

2.2.2 欧盟综合运输及信息互联互通情况

2.2.2.1 发展过程

1992 年,欧盟委员会颁布了第一个关于共同交通运输政策的白皮书,旨在开放交通运输市场。经过十年左右的时间,除铁路部门外,这一目标已经基本实现。1997 年,欧盟委员会提出多式联运(Intermodality)的概念。作为欧盟经济体的共同运输政策,多式联运逐渐成为欧盟交通政策的主要鼓励方向。白皮书提出要发挥各种交通方式各自优势,将各种运输方式的一体化作为政策的首要任务或主体内容;通过改善交通方式组合、加强各交通方式间的有效协调和有机衔接、发展联合运输等方式促进运输一体化。

多式联运的发展有赖于信息通信系统的支撑。为提高交通系统的竞争力和资源利用率,2011 年,欧盟发布了交通白皮书,展望了 2050 年欧洲交通系统的蓝图,即把欧洲建设成为全球长途旅行和洲际运输的平台,建设高效的城市间综合运输网络,并和各地的内部交通成功联通,以及建设绿色的城市交通系统。白皮书强调了建设综合性的交通管理信息系统,以及交通基础设施之间、基础设施与交通工具之间、交通工具之间信息互联互通的标准接口。可见,欧盟综合运输的互联互通除了交通工具和交通基础设施间的互联互通,还包括信息的互联互通。

2.2.2.2　实施路径

1)法律法规

1957 年,欧盟颁布了《建立欧洲共同体条约》,明确提出“成员国应在一项共同运输政策的结构内遵循本条约的目标”,旨在建立共同运输市场自由化,为理事会制定共同运输政策提供了法律依据。1969 年和 1970 年,欧盟颁布了一组三项法令。其中,第 1191 号法令规定了公共服务的各项职责,并建立了给予补偿的共同程序;第 1192 号法令旨在消除铁路与其他运输部门所受待遇的差别;第 1107 号法令扩大了可以得到补偿的公共服务的范围。1985 年发布的“建立欧盟一体化市场”白皮书明确了欧盟共同运输的发展目标和具体时间表,极大地推动了欧盟共同运输政策的发展。2001 年,欧盟发布了《面向 2010 年的欧盟交通运输政策:时不我待》白皮书,作为欧盟在整个交通运输发展层面上制定的政策,涉及综合运输的内容共有 60 项左右。

2)标准规范

欧盟各国的文化背景和法律各不相同,然而紧邻的地理特征和密切的经济、文化往来,使欧洲智能运输系统的标准化问题更加突出,对标准的需求也更加迫切。为解决欧洲智能运输系统统一标准的问题,设立了欧洲标准化委员会(CEN,Comité Européen de Normalization)CEN/TC278 技术委员会。该委员会分 14 个工作组,从事技术规范及术语、具体应用领域、数据交换及参照定位、通信技术及接口四个领域的标准化研究与制定工作。为推动欧洲标准走向世界,CEN/TC278 与国际标准化组织签订了 Vienna 协议,使得 CEN 的标准在智能运输领域直接进入同等的 ISO 标准制定程序。

2000 年,欧盟开展了“Transport Intermodality Data sharing and Exchange Networks(TRIDENT)”研究,旨在开发一套通用的标准规范和软件模式,以实现公共汽车、地铁、铁路、公路等各种运输方式运营商和信息服务商之间交通和旅行信息的共享和交换。该项目研究了电子数据交换(EDI,DATEX)和面向对象技术(Object-Oriented)两种数据共享规范,并在西约克郡、罗马、巴黎和佛兰德斯等四个城市开展了应用示范。TRIDENT 细则标准参考了国际智能交通界认可的 Transmodel 针对公共交通的参考数据模型❶的研究与发展经验。

自 2002 年以来,欧盟共投资了 1.8 亿欧元用于 40 个不同的合作系统研发项目,这些项目在标准制定中发挥了主要作用。欧洲电信标准协会(ETSI)和 CEN/ISO 利用这些项目的成果制定了部分标准。

2008 年,欧盟委员会发布了欧洲 ITS 行动计划。2009 年,欧盟委员会委托欧洲标准化机构 CEN、CENELEC 和 ETSI 制定一套欧盟层面统一的标准、规格和指南,来支持合作性 ITS 体系的实施和部署。2010 年,欧盟发布了 2010/40 号指令(EC ITS Action Plan Directive),加快了 ITS 的部署。该指令强调陆上交通与其他交通方式的衔接,并确定了 ITS 发展的六大优先领域。其中,有四个领域的发展需要以大量的可得数据、数据交换和标准的数据接口为基础,分别是:充分利用公路、实时交通和出行产生的数据信息,交通和货运智能交通管理和服务的连贯性,智能交通安全应用和交通工具与交通基础设施的连接。

2013 年,ETSI 和 CEN/ISO 完成首版 ITS 标准的制定,主要用于建立交通数据的交换机

❶ 是一套完整的、成熟的、可操作性很强的、国际性的、用以描述公共交通领域的参考数据模型。

制,从而规范交通控制系统与交通信息中心之间信息传输的标准接口。如今,第二版 ITS 标准包已经进入微调阶段,主要是处理更为复杂的应用。欧盟正努力使该标准成为所有需要获得实时交通状况信息和客运信息的应用的参考标准。欧盟还与美国和日本紧密合作,确保该系统在全球兼容。

3)管理模式

欧盟各成员国都实行市场经济体制,但它们对运输结构的调整并不完全采取经济或市场的手段,如在技术标准、运输安全措施、环境影响标准等方面,也采取了一定的非经济手段,这表明运输问题不可能完全依靠市场的力量来解决。

4)资金支持

为鼓励企业发展多式联运,欧盟委员会于 2003 年启动了 Marco Polo 基金计划,对于提供多模式运输方案(而非单一的公路运输)的企业进行资金支持。

2.2.2.3　主要应用

1)智能联运管理框架

2006—2010 年,在欧盟第六框架计划内实施的 Freightwise[30] 项目,旨在促进运输管理(托运人、代运人、运营商、代理)、交通和基础设施管理(铁路、公路、海运、内河)、行政管理(海关、边境、危险货物、安全保障)三个部门间的合作。通过提高管理水平,促进所有业务领域和运输模式利益相关方信息的获取与交换,以达到支持货物运输从公路到公路、铁路、海运、内河运输多式联运转换的目的。技术专家重点研究开发多式联运的参考结构,整合包括商业系统在内的相关信息系统,并研究了 9 个商业示范案例。

2008 年,KOMODA[31](Co-modality:towards optimized integrated chains in freight transport logistics,联合运输:物流运输集成链的优化发展)构建了一个基于开放标准、现有应用能够自由交流的中立 e 物流平台,架起大型企业(如汽车制造商、进口商、超市等)成熟的大型定制 e 物流应用与开放式的、多对多的 e 物流综合系统间的桥梁。提供 ICT 产业的差距分析,促进新的更好的 ICT 在 e 物流中的应用与发展是该项目的任务之一。

2008—2011 年,针对集装箱运输,欧盟在第七框架计划内开展了全球门到门集装箱供应链联运的透明性 INTEGRITY(Intermodal Global Door-to-Door Container Supply Chain Visibility)和智能集装箱链管理 Smart-CM(Smart Container Chain Management)两个研究项目,构建信息无缝交换平台。

INTEGRITY[32] 旨在有效提高门到门集装箱链的可靠性、可预测性和安全性,核心是联运集装箱信息共享系统(SICIS,Shared Intermodal Container Information System)的开发与应用。SICIS 是一个技术独立的系统,集成集装箱供应链的异源数据,提供门到门的集装箱跟踪。SICIS 已被中希(LONG SUN)、中集(CIMC)和萨维网络(Savi network)三个集装箱安全设备供应商采用,为集装箱安全设备提供标准接口。

Smart-CM[33] 在商业数据交换规则下,利用 Freightwise 项目的角色定义和信息框架,搭建能够与 SICIS 交互的中性层,为集装箱链中的各方提供无缝数据交换平台,使信息交换更加准确快捷。同时,集装箱的连续监测、快速通关等先进技术的研发及应用,简化了海关和集装箱管理过程,提高运输效率。项目的实施能更好地平衡各洲间及港口到内陆间的稀缺资源,使得公众管理部门和企业都得以获益。两个示范航线对项目前期开始的所有创新性的组织过程和技术进行验证，示范线 A：欧洲—中东（安特卫普—赛得港—支线到希腊的塞萨洛尼基—迪拜—印度的孟买新港/蒙德拉）；示范线 B：欧洲—亚太（安特卫普—新加坡—支线到泰国的林查班—中国宁波）。

2012 年，基于 Freightwise 框架的中小企业数字供应链 DiSCwise[34]（Digital Supply Chains for European SMEs based on the Freightwise Framework）通过运用 ICT 提升欧洲物流运输产业的竞争力。欧盟执委会企业总署（DG Enterprise）通过改善供应链管理，将利益相关者联系得更加紧密，特别帮助中小型企业参与到物流运输业全球数字供应链中。DiSCwise 示范的 ICT 工具和系统都是基于集成的，不必代替现有的 ICT 应用。对于缺乏 ICT 能力的中小型企业，DiSCwise 将提供两个廉价的可在 Web 浏览器上获取的应用程序——用户应用程序和提供者应用程序；对于已经具有 ICT 能力的中小型企业，DiSCwise 引进利用通用框架信息的连接器来完成通信。在佛兰德斯、波兰、葡萄牙开展的试点示范了价格实惠、易于操作的 ICT，为提高产业效率铺平了道路。

2）MOS4MOS

2011 年，MOS4MOS[35]（Monitoring and Operating Services For Motorways Of the Sea，海上高速公路的监测和运营服务）定义和测试地中海港口的通用程序和电子信息，促进参与集装箱海铁多式联运企业和公共实体在电子框架环境下运作，构建了包括船舶和货运电子化手续、海关无纸化控制、自动门禁系统、滚装单元和汽车物流 RFID 追踪、铁路 E-ways、物流和运输提供商之间的无纸化工作流程等 15 个原型，促进在执行欧盟有关海关、安全等方面规定的操作流程更加简单便捷。

2013 年，AWT[36]（All Ways Travelling）开发验证泛欧洲的客运信息与预定系统模型。目标是使用航空、铁路和城市交通等多种方式让穿越欧洲之旅更便捷，建立欧洲多式联运无缝的购物、预定、票务和支付程序，从而给欧洲的居民和旅客带来门到门无缝旅行的愉快体验。

3）M-TRADE

2005 年，在第六框架计划内通过 M-TRADE[37]（Multimodal Transportation supported by Egnos，Egnos 支持的多式联运）项目，欧盟搭建了 EGNOS 和 Galileo 系统在多式联运中的应用平台。通过创造革新在 GNSS 和其他必需设备和技术框架支持下的应用服务工具，提升多式联运的吸引力。其服务功能包括：定位系统——提供精确、可靠的货物位置信息以及全程追踪；及时完整的信息交换——货物在转运时的安全保障和无缝连接；整合可靠的位置信息——提供危险货物和/或非常规货物在供应链管理中的完整信息。M-TRADE 在欧洲联运货运链中开展了 4 个试点，包括：Bologna Freight Village 分支线的远程监控；铁路（Brescia-Verona-Bologna）和公路（Bologna-Modena）链，易腐烂货物的追踪和温度监控；多瑙河（Vienna-Budapest round trip）内河油轮追踪；Rail chain Genoa-Ferrandina-Dordrecht Zeehaven 铁路运输石油产品追踪。

4）EURIDICE

2008 年，欧盟在第七框架计划内开展了综合项目 EURIDICE[38]（European Inter-Disciplinary research on Intelligent Cargo for Efficient，Safe and Environmentally Friendly Logistics，旨在实现高效、安全和环保物流的欧洲跨学科智慧货物研究）。其核心概念是根据功能来定义的“智慧货物”。智慧货物应具有包括自我识别、周围环境检测、在运输链中任一环节提供和使用信息服务在内的基本能力。为了实现这些功能，EURIDICE 将 RFID、传感网络、近场处理单元联合起来，合并成一个固定的移动网络服务设施，以促进货物之间及货物与承载装置（货盘、集装箱等）、交通工具、基础设施间的交互。EURIDICE 的愿景是智慧货物将自己与物流服务提供者、工业用户和当局联系起来，提供运输相关信息交换和运输链中其他要求的特别服务。这将通过广泛提高移动货物的监控、追踪、安全处理水平，增强货物运输网络效率，促进物流系统的可持续发展，为物流产业和社会带来巨大的效益。

5）空铁联运

欧洲许多枢纽机场建立了空铁联运模式，并且设置了专用的铁路候车室，如巴黎戴高乐、伦敦希思罗和德国法兰克福机场等。机场与其他运输方式之间除了硬件设施的衔接配套外，还实现了不同运输方式之间信息资源的互联互通，实现了统一售票、统一服务、统一结算，达到了真正意义上的“无缝隙”联运服务。这些服务包括：

（1）使用统一的售票系统

目前，全球分销系统（GDS）在欧洲许多国家已经实现航空公司、机场和铁路运输企业之间的代码共享，从而将铁路运输视为航空运输的一部分，实现两种运输方式之间的高效衔接和统一售票。

（2）实现旅客信息系统的联网

通过民航公共信息网络（PIDS）和轨道交通公共信息网络的联网，保证旅客空铁联运信息互通和共享。

（3）飞机离港系统等前置

民航离港控制系统（DCS）和行李传送系统（BHS）前移至城市航站楼、火车站、汽车站、码头等地设置，以实现航班状态实时更新查询，行李提前托运及跟踪。

（4）机场“零米高线飞行”服务

2001 年，法兰克福机场开通了到斯图加特和科隆的“零米高线飞行”服务。在该服务中，德国铁路为各火车站设定了国际航空运输协会代码，每个航空公司可选择一定数量的火车和 10～15 个重要的火车站（法兰克福机场辐射范围内），实现航空公司与铁路之间的代码共享。目前，“零米高度支线飞行”服务架次占每日 1200 架次飞机的 10%。汉莎航空公司选择了斯图加特和科隆，为每天来往法兰克福机场和两地的 120 班火车分配了航班号。

6）TOCC 运行

以德国柏林 VKRZ 交通控制中心和英国伯明翰国家交通控制中心为例。

（1）德国柏林 VKRZ 交通控制中心

德国柏林 VKRZ 交通控制中心隶属于柏林交通管理部门，已运行 25 年。与警察局、道路建设与维护部门、公共交通管理部门、环保局等部门之间实现了数据共享和协调联动，重大活动期间和紧急情况下，相关责任单位进驻 VKRZ 交通控制中心。其主要功能包括：日常监测、应急指挥、交通控制、信息服务、高速公路管理、突发事件的警力调度，如图 2-2 所示。

日常情况下，指挥中心控制着超过 2000 个交叉路口的交通信号灯，管理着环柏林国道 300 个显示信号架上的各种信号。利用摄像头、交通流量检测器，对交通运行状况进行监测和预测；对收集到的数据进行汇总、分析、上报，并为各相关单位的派驻人员提供技术保障和信息服务。应急情况下，指挥中心启动应急预案，并通报相关部门，所有监控系统都将为决策提供支持。

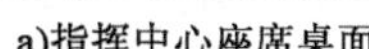
a)指挥中心座席桌面

b)指挥中心日常工作

图 2-2　德国柏林 VKRZ 交通控制中心座席及指挥大厅

VKRZ 系统与国家交通警报服务结合在一起，为道路用户提供有关交通阻塞、交通信号灯失效、道路作业地点或活动地点的相关信息。柏林交通管理局发布的有关道路作业和活动的时间安排及许可通行信息，都会传送到 VKRZ 系统上，然后以交通布告的形式通过交通警报服务系统进行分发。无论什么时候，只要交通测量站测试到超过预设值（过密的交通流或者交通停止）时，交通通告就会自动生成。

这种运行模式的特点是由政府部门建设，以交通管理为主，多部门之间数据共享和协调联动。

（2）英国伯明翰国家交通控制中心

英国伯明翰国家交通控制中心（以下简称“交通控制中心”）由国家交通部和高速公路管理局共建，委托企业运营，负责交通数据采集汇总、交通运行状态监控、拥堵疏导、事故处理以及信息发布，与 7 个地区控制分中心（主要进行路网监控、巡视、维护、拥堵疏导和事故处理）实现了数据共享和协调联动。

日常情况下，交通控制中心负责交通数据采集、分中心数据汇总、交通运行状态监测、信息服务和拥堵疏导。紧急情况下，交通控制中心负责总体协调指挥，分中心进行现场指挥和处置，如图 2-3 所示。

a)指挥中心大屏幕

b)指挥中心日常工作

图 2-3　英国伯明翰国家交通控制中心座席及指挥大厅

该运行模式的特点是由政府部门建设，委托企业运营，总中心与地区分中心协调联动。

2.2.3 美国综合运输及信息互联互通情况

2.2.3.1 发展过程

美国是世界上经济最发达的国家之一，拥有发达的交通运输系统。目前，美国已经建立了完善的现代交通运输体系，公路、铁路里程居世界前列，拥有世界上最为发达的航空系统，沿海及内河航道和管线系统在货物运输中也发挥了巨大作用。

美国最早提出综合运输概念是在20世纪40年代，当时使用的是“运输系统”这一名称。到了70~80年代，美国逐步放松对各种运输方式的管制，比较重视通过市场机制来促进各种运输方式在物理设施和营销业务上的协调发展和综合利用。

从20世纪90年代初开始，随着产业结构的高度化、经济的全球化和信息化以及资源环境的不断恶化，ITS、城市轨道交通、多式联运已成为美国新一轮综合运输系统发展的重点。自1999年4月开始，美国国家科学技术委员会(NTSC)陆续向国会提交了四份报告，包括《美国运输科技发展战略》《国家运输技术规划》《国家运输战略性研究规划》和《摩根技术和运输的未来项目规划》，共同构成了一个详尽完整的新世纪交通运输发展战略规划，提出美国综合运输系统的发展目标是：建立一个运输范围通达全球、运输方式彼此协调、以智能化为特征并在环境上友善的综合运输系统。到20世纪末，美国已经明确规划发展综合运输，并把发展综合运输作为一项运输政策。

面向21世纪，美国政府把“改善交通运输安全、扩展机动性、支撑经济增长和商贸发展、保护环境、支持国家安全与利益”作为交通运输政策的目标，从更多地关注人和物的移动转变为提高国民生活质量。为此，美国运输部(Department of Transportation，DOT)制定并颁布了2000—2005年交通运输战略规划。规划的联运系统政策中继续强调了要建立经济高效和减少能耗及环境影响的多种运输方式构成的联运系统。

目前，综合的运输问题、运输规划、运输系统、运输政策已成了美国运输经济理论与实践的重要内容。

2.2.3.2 主要措施

1)法律法规

美国综合运输体制是建立在法制基础上的。为了促进综合运输体系的建设，美国国会通过了多部重要法律，逐渐形成了由运输业发展与资助、运输业管制与行政、运输安全与环境保护等三大系列为主的法律法规体系，为综合运输的发展打下了法制基础。

美国《1940年的运输条例》规定：运输系统具有多种方式的性质，国家对各种运输方式实行公平待遇，承认和保护各种运输方式的内在优势，防止运输方式间的过度竞争；国家运输政策的目的是保持水路、公路和铁路及其他运输方式的协调和健康发展，并最终形成统一的国家运输体系，以满足美国商业、邮政及国防的需要。1966年《运输法》出台，美国宣布成立运输部，各州也随之成立州运输部；1978年的《地面运输援助法》首次将公路和公交融为一体，并且意识到铁路规划和公路、机场规划之间的密切联系，希望利用多种运输方式实现个人的出行和货物的运输。

1991年出台的《综合地面运输效率法案》(也称为冰茶法案，ISTEA，Intremodal Surface Transportation Efficiency Act of 1991)指出，美国运输政策的目标是发展经济高效、环境友善的国家综合运输系统,为国家参与全球经济竞争奠定基础[39]。该法案第一次明确强调多式联运规划;指出运输方式之间的接口不仅包括运输作业流程中的换装换乘,还包括不同运输方式之间的政策和服务接口;明确提出将高科技应用于各个不同的运输方式,实现不同运输方式的联运,形成一个国家联运(综合)运输系统,从而提高整体运输效率。

1998 克林顿总统签署了《面向 21 世纪运输公平法案》(TEA21),在政策、基金和财政补贴等方面采取措施,保证各种运输方式公平、均衡发展。

2)标准规范

美国没有一个统一的智能运输系统标准化组织,相关标准的制定散布在不同的相关标准化组织中,主要包括:美国国家公路和交通管理者协会(American Association of State Highway and Transportation Official,AASHTO)、美国标准委员会(American National Standard Institute,ANSI)、交通工程师协会(Institute of Traffic Engineers,ITE)、电子电气工程师协会、美国测试和材料协会(American Society for Testing and Materials,ASTM)、汽车工程师协会(Society of Automotive Engineers,SAE)。

美国的智能运输系统标准的系统性较强。它以智能运输系统体系框架为基础,在分析体系框架中的逻辑框架、物理框架所定义的用户需要、接口及数据流的基础上,对体系框架重叠的数据流接口进行了简化,按技术领域划分了 11 个标准需求包,为后续标准的制定工作提供指导。

智能交通系统数据元标准(如交通管理数据字典 Traffic Management Data Dictionary)、信息集标准(如意外事件管理信息集 Message Set for Incident Management)、通信协议标准(如交通管理中心间的通信协议标准 Center to Center Communications Protocols)等系列标准,构成了美国智能运输系统通信协议标准体系(NTCIP),覆盖了美国智能交通体系框架中的各个数据流通环节,对美国智能交通系统的建设起到了非常好的规范与推动作用。NTCIP 很好地解决了智能交通体系框架中遇到的信息共享问题,对规范系统开发、促进技术和产品的市场竞争起到很好的推动作用,有效地避免了技术资源的浪费,在很大程度上引导着世界 ITS 技术的发展。

2011 年,美国国家货运合作研究发展计划(NCFRP,National Cooperative Freight Research Program)开展了共享货运数据指南(Guidebook for Sharing Freight Transportation Data)的研究工作,明确了实现高效的货运数据共享的准则、数据共享协议范本以及克服潜在障碍的办法等。

3)管理机制

美国不仅拥有世界上最发达的综合运输系统,也是世界上拥有最完善的综合交通运输管理体制的国家之一,成为综合运输管理的典范。1969 年,美国政府成立了联邦运输部,将公路、铁路、公共交通、航空、水运及其他相关行业纳入管辖范围,实行“大部制”交通,各种运输方式协调发展,综合运输的优势得到最大限度发挥。

在美国综合运输管理体制中,联邦、州及地方各级政府权责明确、职能清晰,形成了有效的分工体制。联邦政府主要负责确定战略目标、制定联邦政策、设计中长期规划、建立法律和制度框架、向国会申报财政预算、建设国家重要交通基础设施、制定技术标准、监管安全与环境标准执行、确定财政资助部分洲际交通基础设施的额度、鼓励先进技术创新项目的研发和推广等。州及地方政府承担各州和地方的交通规划和基础设施项目建设，监管州及下级县市的运输活动，根据本州情况执行联邦法律，落实联邦的运输政策，监管联邦资助的州际基础设施项目运行等。

4）市场机制

20 世纪 90 年代以前，美国政府对运输业的管理侧重于基础设施规划、运输安全、重大运输科学研究和技术开发、运输环境保护等方面。而运输经营主要通过市场机制实现，对各种具有综合运输意义的运输企业和中介组织，通过政策施行管制。由于政府管制措施的改进，综合运输经营活动十分活跃，各种经济成分的运输经营者利用市场机制配置运输资源，是综合运输的积极组织者和推动者。

美国的铁路一直是私有的，其运输政策的调整主要着眼于减少对运输市场的政府干预。美国建国不久，州政府就特许私人利用股份公司筹集资金修建运河和公路。1980 年颁布的《汽车运输法》放松了对汽车进入市场和运价浮动的限制；1978 年颁布的《航空放松管制法》废除了早先的航空运输许可证配额制，市场进入方面只要申请者具备基本条件就可以经营所希望的航线；1983 年起完全放开航空运价；1985 年撤销了管制机构——国家民用航空局。

没有竞争就没有发展，可以说竞争促进了美国交通运输业的总体繁荣与发达。为了促进市场竞争的良性发展，美国政府借助全社会较为成熟的诚信体系，严格执行市场准入制度和招标投标制度，促进企业优胜劣汰。通过法律法规、技术标准、考核体系、安全和环保规定等，对企业的服务质量、财务状况和经营水平等进行严格监管。

5）TOCC 运行

在依托 TOCC 开展的综合运输信息互联互通方面，以美国得克萨斯州奥斯汀综合交通与应急指挥中心（CTECC，The Combined Transportation，Emergency and Communications Center）为例，该中心建立于 2004 年 5 月，服务范围 2652 平方公里，指挥大厅设有 100 多个座席，年热线数量约为 170 万次，如图 2-4 所示。

a)指挥中心座席桌面

b)指挥中心指挥大厅

图 2-4　奥斯汀综合交通与应急指挥中心座席及指挥大厅

CTECC 由多个单位和部门共同建立，其他单位和部门采取租用座席的方式进驻指挥中心，实现合署办公。目前进驻部门包括州交通运输部，郡公安、应急管理部门，市交通、公安、卫生、消防、应急部门等。指挥中心的工作人员分为领导层、执行层、综合经理和职员，独立运行对领导层负责，并为各派驻部门的执行层提供技术保障、数据汇总报送和运行费用的预算等。日常情况下，领导层、执行层不在指挥中心办公，有特殊需要时进行现场指挥工作。

CTECC 管理层级。指挥中心的领导层由得克萨斯州交通运输部领导、奥斯汀市领导、特拉维斯郡公安和应急管理部门领导组成，主要负责批准年度预算、人事任免，制定中心政策，协助处理中心事务。执行层由奥斯汀市交通、公安、卫生、消防、应急管理等部门负责人或其指派人员组成，如部门领导、得克萨斯州交通部门的片区主任等，指派人员至少是主管代理或助理，负责每年向领导层提交中心运维预算草案、评估综合经理的业绩、提交新招聘员工的计划。综合经理在执行层的指导下主要负责管理指挥中心的设备、公共系统、雇员和日常运营，并直接向奥斯汀市管理人员进行汇报。职员采用雇佣或各相关单位派驻的方式开展指挥中心的工作。

在日常情况下，各派驻部门人员负责各自业务，指挥中心负责数据汇总、分析上报、系统维护、财务管理、技术支持等，并负责多部门间的协调工作。应急情况下，指挥中心通报相关部门执行层和领导层。所有进驻单位都有员工 24 小时驻守在 CTECC，并且将额外增加不同单位和部门将近 200 人进驻 CTECC，主要负责与其他单位之间的联动与协调。

在 CTECC，进驻单位间可以共享系统和电子文件。这种共享信息的机制，在有限的时间里，为各单位的决策者提供更好、更高效的决策支持。

该种运行模式的特点是场地共建、合署办公、信息共享、分工明确、分级管理。

2.2.4　启示与借鉴

从以上国外几个发达国家关于综合运输信息互联互通相关的发展历程及其措施和实施成效，可以得到以下启示和借鉴。

2.2.4.1　启示一：立法是根本

美国交通法律法规和政策的建设，使综合运输体系的建设得到强有力的制度保障，使政府各层级之间以及政府与企业之间分工明确，也使政府对市场行为监管有法可依，同时使公众拥有获取综合运输信息的权利，为综合运输的信息互联互通打下了良好的基础。

(1) 立法明确交通数据信息系统建立的部门及责任。

在美国的多式联运立法中非常重视基础性的交通数据信息系统的建立。ISTEA 法案明确要求交通部的多式联运办公室建立和管理多式联运数据库，该部门还应当协调政府和都市规划组织的数据搜集工作以促进数据库的发展。法案第 5002 条(c)款规定，联邦多式联运办公室“在搜集与多式联运有关数据的过程中，应当向拥有百万以上人口的都会区政府以及都市规划组织提供技术支持，以帮助这些政府以及都市规划组织搜集这些数据”。

(2) 立法为交通数据信息搜集给予充分权限保障。

ISTEA 法案对于多式联运办公室搜集相关数据信息给予了较为充分的权限保障。该法案第 5005 条(h)款规定，联邦多式联运委员会“可以直接从任何联邦部门或机构获得与履行其在本条款下职责相关的美国信息(除了根据联邦条例需要由这些部门或机构保密的信息)。应委员会的要求，这些部门或机构的负责人应当将这些非保密信息提供给委员会”。

(3) 立法为综合运输信息互联互通提供资金保障。

ISTEA 法案明确对于搜集信息和建立数据库的资金，应当在交通部的法定预算资金中予以列支。同时，法案对于地方政府和公共交通机构的多式联运计划予以资金支持。法案

第5003条规定,“交通部应当向各地政府提供资金以实现国家现代多式联运现代计划的目的,这一目的与美国法典第49章第302(e)条所阐述的政策一致。这一现代计划应当包含搜集多式联运数据的系统。交通部应当在本条款的范围内向具有多种地理区域、多样化交通需求以及多种交通模式或形式的各地政府提供资金”。

(4)立法强制综合运输数据库信息向公众开放。

ISTEA法案规定多式联运办公室还应当确保数据库的信息能够有效地向公众开放,从而使数据库能够得到充分的开发利用,实现其价值的最大化。

2.2.4.2 启示二:标准是基础

日本、欧盟和美国非常注重标准的制定,虽然制定标准的主体有所不同,但在制定标准体系中都取得了一定的成果,对我国标准的制度具有借鉴意义。

(1)统一数据和接口标准,促进综合运输信息互通。

从日本、欧盟、美国制定标准规范的努力中可以看出,交通工具和交通基础设施间信息的互联互通以及交通实时信息和旅行信息的传输与交换,都离不开统一的数据和接口标准,统一的标准规范是建设统一、综合和智能的交通控制和运行网络的基础。

(2)重视与国际标准接轨,促进国际综合运输发展。

日本和欧盟都非常重视其标准规范与国际标准的衔接,以及在其他国家和地区的推广。这为其交通运输网络与国际接轨扫除了障碍,保证高效、智能的客运和货运不仅能在其内部的城市间,同时也能在国际洲际运输中体现。

(3)建立数据元目录系统,解决标准不统一问题。

智能交通系统数据元目录系统(ITS DR,ITS Data Registry)是一个基于网络的在线智能交通系统数据元数据库管理系统。与单纯的智能交通系统标准相比,智能交通系统数据元目录系统的独特作用主要体现在四个方面:一是统一不同标准间的同一概念的定义和表示;二是便于不同标准间的概念、定义的相互引用;三是协调或解决不同标准造成的对同一概念的定义或表示差别;四是方便标准概念定义的使用。

2.2.4.3 启示三:应用是支撑

欧盟在推进综合运输信息互联互通的过程中以持续、可继承的工程项目建设为媒介,以开展试点示范为着力点,通过开辟物流运输示范路线,开发商业应用示范案例等方式,促进交通运输信息互联互通的技术突破与产业应用,推动交通数据标准制定及综合运输信息化产业化发展。

(1)项目建设推动技术突破与应用。

一方面,示范项目建设能够促进前沿技术在综合运输信息互联互通中的开发应用,提高交通运输业的生产力。另一方面,应用示范项目的建设通常以突破制约发展的技术薄弱环节为重点,通过攻克核心技术和重大关键共性技术,提高信息互联互通技术研发水平,加快形成较为完备的技术体系。

(2)应用工程促进标准制定与完善。

如前所述,标准制定是综合运输信息互联互通的基础。根据综合运输信息互联互通的技术要求,应用工程的建设能够促进梳理综合运输信息标准,推动构建具有国际竞争力的标准体系,全面推进综合交通信息标准制定工作。

(3)市场示范带动产业发展。

在应用示范过程中,以市场企业为实施主体,政府部门加强政策引导和行业监管,积极探索与各类应用相适应的运营模式,力争构建市场化运作机制,形成产业上下游通力合作、重点行业和社会各界共同参与、应用与技术产业协调发展的局面,为逐步实现全国范围内的规模化推广打牢基础。

2.2.4.4　启示四:市场是关键

交通运输与普通商品不同,具有明显的公益性特点,从全局和长远的观点看,完全靠市场自由竞争,许多政策目标是难以实现的,甚至有可能扭曲社会的真实需要,背离有利全局的发展方向。在综合运输信息互联互通发展过程中,应明确政府与市场的分工,同时形成协调保障机制。

(1)明确政府定位,发挥市场作用。

无论是日本、欧盟还是美国,在行业的信息化建设中,政府的定位相对都比较清晰,一般电子政务等管理类信息系统的建设和运营由政府主导;以提供基本公共服务为目的的信息系统建设通常采用"政企"合作的模式,主要由政府引导,并积极利用社会力量;以满足个性化需求、提供增值服务为目的的信息系统一般以企业为主投资建设和维护。信息化推进过程中大多能有效发挥市场配置资源的基础性作用,广泛吸纳社会优质资源参与信息化建设,信息资源的汇聚整合与开放共享水平相对较高。

(2)形成协调机制,保障有序发展。

政府通过建立诚信体系,严格执行市场准入制度和招标投标制度,促进企业优胜劣汰。通过法律法规、技术标准、考核体系、安全和环保规定等,对企业的服务质量、财务状况和经营水平等进行严格监管,促进市场竞争的良性有序发展。

2.2.4.5　启示五:机制是保障

完善的综合运输管理体制能够有力促进运输业快速发展,为经济社会发展提供保障。纵观日本和美国的综合运输管理体制,其具有以下借鉴之处:

(1)综合管理,统筹规划。

日本国土运输省和美国联邦运输部将公路、铁路、公共交通、航空、水运及其他相关行业纳入管辖范围,实行"大部制"交通,各种运输方式协调发展,综合运输的优势得到最大限度发挥。

(2)权责明确,职能清晰。

在美国综合运输管理体制中,联邦、州及地方各级政府权责明确、职能清晰,形成了有效的分工体制。据此,我国应明确部级、省级交通运输主管部门在综合运输信息化建设方面的职能权责。

(3)系统建设,专门管理。

美国的多式联运数据库由联邦运输部的多式联运办公室建立和管理,该部门承担协调政府和都市规划组织的数据搜集工作、促进数据库发展的职责。

2.3　存在的主要问题

尽管"十二五"期间,我国在综合运输信息互联互通方面开展了一些工作,但是总体上仍然存在一些问题:

2.3.1 信息共享范围有限

综合运输体系涉及航空、铁路、公路运输、水路运输等多种运输方式。然而，目前各种运输方式的发展重“自我完善”，轻“统筹协调”，跨运输方式的信息资源共享范围仍然局限于个别省份、个别城市或个别综合枢纽等“点”上，以及在港口与公路、铁路与城市公共交通、民航与城市公共交通等运输方式之间的两两交换；在国家级、区域级等“面”上和两种以上运输方式之间的大规模信息共享尚未实现。

2.3.2 信息共享内容不全

目前，各种运输方式之间信息共享的内容以静态、基础信息为主，缺乏动态、运营信息。例如，在综合客运枢纽中，民航、铁路、长途客运、城市轨道交通、公共交通等运输方式之间交换的信息内容主要是各种运输方式的班线、班次计划信息，部分枢纽虽然实现了动态信息交换，但也仅仅是班次动态的交换，如班次延误时间等，具体的对于实际运输组织有更大参考价值的客流量信息往往难以获取。

2.3.3 信息共享及时性不够

当前各种运输管理机构及运营企业之间的信息交换与共享，常常通过签订信息交换与共享合作协议等形式实现。信息交换方式也以公文交换、电子邮件等“点对点”的方式为主。由于各种运输方式运营调度信息系统的封闭性，采用数据库方式的数据交换极少。因此，信息共享的及时性难以保证，往往存在延时，当其他交通运输方式接到变动信息时，也来不及对运输计划作出适当调整。

2.3.4 信息共享标准和机制缺失

当前，各种运输方式在信息共享方面的标准主要是针对本运输方式下不同的系统和平台之间，而对于跨运输方式的信息共享标准，基本上以临时性的接口和协议为主，缺乏行业统一的数据交换标准，无法实现大范围推广和应用。另外，长期以来，公路、水路、铁路、民航等政府管理部门、企业之间管理体制机制的壁垒依然存在，缺乏一套行之有效的组织管理体系，各部门之间责任分工不清楚、沟通合作不顺畅。同时，针对综合运输涉及的种类繁多的信息，缺乏与之相适应的共享机制，包括推动政府信息公开的机制，推进跨部门、跨区域共享的机制，鼓励市场化、促进公平竞争的机制等。信息共享体制机制的不完善，使得综合运输信息互联互通在体制机制上就根基不牢、困难重重。

2.4 原因分析

（1）综合运输各运输方式信息化建设缺乏统筹规划，分散建设模式导致信息孤岛。

由于体制机制的原因，综合运输各运输方式信息化建设只考虑内部垂直业务的管理需要，大部分系统都建设在部门专网上（公路水路建设在交通专网，民航和铁路有各自专网），网络隔离不与外界连通，从网络层面就为信息共享和业务协同设置了障碍。此外，由于各部门管理自成体系，以及资源共建、共享模式没有达成共识等多种原因，本该是跨部门业务系统，却被牵头部门设计成了部门内部系统。

（2）综合运输不同的管理模式，导致部分业务系统垂直封闭建设，地方部门横向间业务数据共享困难。

综合运输中，铁路和民航属于垂直管理，公路和水路主要以条块分割为主。因此，铁路和民航在新建垂直条线业务系统时，较少从作为面向公众的整体政府部门层面考虑业务系统需求。新建业务系统一般都垂直封闭建设，只考虑垂直系统内部业务管理的需要，较少考虑业务系统的外部需求。

(3)基础信息库成为部门单位资产，丧失了为各部门业务提供基础服务的作用。

综合运输各运输方式均不同程度地建设了一些公共基础信息库。建设公共基础信息库的目的是为各部门业务提供基础信息服务，共同建设、共同使用，避免投资浪费和重复建设。然而，已经建成的基础信息库并没有像建设初期设想的那样共建共用，而是被牵头单位垄断，成为部门资产，丧失了为各部门业务提供基础信息服务的作用。

(4)机构设置以业务职能为中心，推进信息共享和业务协同遭遇部门壁垒。

当前，综合运输组织结构是条块分割的二维模式，即纵向层级制和横向职能制相结合的矩阵结构。由于综合运输各部门是由职能所赋予的权力按照条块方式划分的，所以各部门各自为政，信息资源采集往往是部门独家垄断的，信息系统建设都是由部门独自进行的，进而形成众多相互独立和封闭的信息孤岛，导致推进信息共享和业务协同尤为困难。

(5)数据标准不同使信息共享遭遇技术壁垒。

目前，综合运输各部门信息采集、处理、加工和维护等都是自成系统，由于信息资源数据尚未统一标准，部门之间数据互用性较差，信息共享和交换平台建设都是部门自定标准，平台标准过多、过泛，标准间相互兼容性差，导致共享交换平台建成以后扩展起来相当困难，严重影响了信息共享推进进程。

(6)推动信息互联互通的法制环境欠佳，相关法律法规和部门规章之间存在冲突。

这个问题不仅是综合运输的问题，也是整个国家电子政务的问题。我国电子政务立法呈现出分散、层级较低、不够完善等问题。至今，涉及电子政务的法律法规都分散在其他各个部门法之中，层级较低，绝大部分都是各种地方法规和部门规章，且内容不够完善。由于部门利益的因素，有些部门在自己部门管理的规章制度中设置障碍，阻碍跨部门信息共享和业务协同的推进。

(7)安全保密成为拒绝共享的理由，规范涉密与非涉密信息界限已迫在眉睫。

这也是电子政务信息共享存在的共性问题。由于公用信息与保密信息的界限不明，信息公开对于部门没有益处，信息泄密则会对部门造成一定危害，信息不公开无需审批程序等多种原因，出于部门利益或安全考虑，有些部门对待自己部门掌管的信息资源没有严格按照国家有关部门的安全管理规定来定密级，对可以在有限范围内共享的信息资源或甚至对完全不需要保密的信息资源定为密级，已经成为这些部门拒绝信息共享时采用的主要手段。后期推进综合运输信息互联互通，必须进一步明确相关信息的保密界限。

(8)信息安全保障缺乏自主控制，信息共享和业务协同推进如履薄冰。

由于信息安全保障缺乏自主控制，在综合运输核心领域使用的设备，如网络、计算机、操作系统、数据库等，关键核心技术都掌握在发达国家手中，对于这些设备内部原理了解甚少，是否存在后门等潜在危害目前尚不知情，加上因黑客、病毒、木马、蠕虫等因素引起的信息安全泄密事件频发，致使有些政府部门使用这些设备去实现信息共享和业务协同相当谨慎和担心(如“两客一危”车辆动态数据的共享问题)，甚至有点诚惶诚恐。

2.5 总体评价

基于上述研究成果,对当前我国综合运输信息互联互通的现状主要有两点评价:

一是"十二五"期间,综合运输信息互联互通在同种运输方式下不同区域之间(如长江航运信息资源整合、长三角区域航运资源整合)、同一区域或者单个枢纽内不同运输方式之间(如地方交通主管部门的公路水路交通信息资源整合、综合运输枢纽内部信息互联互通等)取得了较好的进展;民航出现了空铁、空巴和较为成熟的海空联运;以铁水联运为代表的联运信息互联互通应用示范也正在逐步开展,取得了较好的成就。但是,涉及全国层面公路、水路、铁路和民航信息的互联互通,尚未真正有效开展。这与当前综合运输各种运输方式之间普遍存在的信息互联互通需求存在较大的差距。"十三五"期间,依托综合运输体系建设,应进一步通过应用示范工程带动,加强综合交通枢纽内部、区域之间以及部分基础较好的联运信息平台上信息的互联互通,逐步实现综合运输信息在全国层面的互联互通。

二是和国外的发展情况相比较,我国综合运输信息互联互通方面还存在较大的差距,在立法、标准、应用、市场化以及体制机制5个方面还需进一步完善。

第3章　综合运输信息互联互通面临形势及阶段特征

3.1　面临的形势

我国综合交通运输体系的规划、建设和发展伴随着经济社会和城镇化发展的全过程。交通运输的发展是不断适应国际国内经济社会发展、客货运输需求的动态过程，不可能一蹴而就，更不能急于求成，两者间呈现不断递进、互促增长的历程，是长时期的发展任务。交通运输在不同发展阶段面临的主要矛盾不同。

表3-1为综合交通运输体系发展各阶段特征。可以看出，发展初期，主要解决总量问题，加快发展是主题；发展中期，主要解决结构问题，优化运输结构是主题；发展后期，主要解决服务问题，提高管理、提升服务水平是主题。当前，我国正处在第二阶段向第三阶段发展的过程中。因此，需要同时兼顾运输结构优化和服务水平提升的问题。

交通运输体系发展阶段特征[40]　　表3-1

发展阶段	区域经济发展特征	综合运输体系发展特征	交通运输体系规划特征
运输方式独立发展	区域经济独立发展，城镇配套产业体系完整，城镇体系扁平化发展	各运输方式拥有各自优势市场，功能定位单一，分工明确，自成系统，关联度低	各运输方式独立规划，以建立多层次的运输能力保障，实现各运输方式均能为各自优势市场提供优质运输服务为目标
运输方式竞合发展	区域经济关联性增强，产业发展突破城镇行政区划界限，城镇体系结构化发展	各运输方式市场空间扩大并在局部重叠，发展中功能竞争与合作并存，以自成系统发展为主，局部地区关联性增强	各运输方式独立规划为主，以在保障各运输方式的运输服务品质的基础上，局部地区加强多种运输方式间的整合为目标
运输方式综合发展	区域经济一体化趋势明显，产业跨区域分工合作，城镇体系向都市区和城镇群演变	各运输方式服务市场重新整合，功能定位相互协调，具有较强的关联性，交通运输体系一体化发展，一站式服务和多式联运逐步发展	将各运输方式视为统一整体，重点聚焦在各运输方式自身发展无力涉及领域，以交通运输系统整体最优为目标

与"十二五"时期相比，"十三五"时期发展的内外环境、方式、需求、重点等诸多方面有本质的区别，面临新的形势，如改革与稳定、发展的关系，政府与市场的关系，经济发展方式的转变，全方位的对外开放，区域经济格局的变化，传统产业的提升和战略性新兴产业的发展，科技创新、信息技术、物联网的发展，分布式能源的突破，资源环境的约束，对交通运输现代化的期盼等。这些新的形势都对交通运输的发展提出多层次、多样性、高水平的要求，也对综合运输信息的互联互通客观上提出了要求。

总体上,“十三五”时期综合运输信息互联互通面临的主要形势如下:

一是国家重大战略的推进需要综合运输信息实现互联互通。当前,我国社会经济面临的世情党情国情正在发生深刻变化。党的十八大报告提出了“两个一百年”的奋斗目标,即在中国共产党成立一百年时全面建成小康社会,在新中国成立一百年时建成富强民主文明和谐的社会主义现代化国家;做出了“三期并存”的战略判断,指出我国正处在全面建成小康社会的关键时期,处在转变发展方式和深化改革的攻坚时期,处在大有可为的战略机遇期;提出了经济、政治、文化、社会、生态文明建设“五位一体”的总体布局以及建设“海上丝绸之路”“丝绸之路经济带”和“长江经济带”的战略部署。交通运输作为国民经济和社会发展的重要基础,构建网络设施配套衔接、技术装备先进适用、运输服务安全高效的综合交通运输体系,是建设交通强国的重要举措,对于全面落实国家重大战略部署,促进经济长期平稳较快发展、全面建成小康社会具有十分重要的意义。综合交通运输体系的建立,客观上要求综合运输信息必须实现互联互通。

二是“四个交通”行业重大战略的推进需要综合运输信息实现互联互通。综合交通、智慧交通、绿色交通和平安交通的建设和发展,都离不开交通运输信息化智能化的引领作用,都需要综合运输信息互联互通的有力支撑。综合运输信息互联互通将是当前“四个交通”中“综合交通”建设推进的有力抓手。“十三五”时期,随着“四个交通”战略的实施和各项改革措施的落实到位,交通运输行业将更加重视利用信息化手段提高政府安全监管能力,提升行业综合管理水平,改善公众出行服务。综合运输信息互联互通的重点将集中在面向旅客和货主服务的信息互联互通,面向运输安全、应急救援、应急联动的信息互联互通以及面向全程物流数据交换和共享的信息互联互通。

三是推进“互联网+交通”,改造传统交通运输业需要综合运输信息实现互联互通。当前,我国经济高速增长原有动力面临挑战,为促进生产要素升级、分工结构优化和生产率持续提升,把握信息技术革命带来的难得机遇、全面推进信息经济发展成为新时期我国经济增长的关键。信息技术率先渗透到经济社会生活各领域,将促进经济发展模式以物质生产、物质服务为主向以信息生产、信息服务为主转变。云计算、大数据、物联网、移动应用、智能控制为核心的新技术浪潮风起云涌,“互联网+”成为经济发展新引擎,催生了交通运输新模式、新业态,在提升交通运输要素生产率的同时,对传统产业的发展和转型升级形成倒逼机制。当前大数据潜力的释放,实际上是反映了生产要素的一种升级,也就是所谓的从IT(信息技术)到DT(数据技术)的升级。打造全新的综合交通运输服务升级版,要求强化“互联网思维”,充分利用新一代信息技术,通过信息互联互通加速综合运输数据的流动和使用,最大限度地发挥信息这个独立生产要素的作用。

四是政府简政放权加强监管的要求需要综合运输信息实现互联互通。十八届三中全会明确提出了要政府简政放权加强监管的改革思路。综合运输信息互联互通的实现将进一步提升政府的监管能力和监管水平,尤其是在安全监管方面。“马航失联”、韩国“岁月”号沉船等事件,当事国政府在安全监管、应急处理和信息披露方面存在的诸多问题,值得我们深思。可以预见,“十三五”时期,交通运输行业面临的安全监管和应急处置形势依然严峻,必须通过综合运输信息互联互通的实现,提高综合信息获取的广度和深度,利用信息做好事前的安全监管和事后的应急处置,并做好相关的信息发布工作,保持社会稳定。

五是推进交通基础设施布局优化,提高规划科学性需要综合运输信息实现互联互通。“十三五”时期,是我国进一步建设完善综合交通体系的关键时期。然而,长期以来我国民航、铁路、公路和水路的交通基础设施规划均由不同部门负责,相互独立、自成体系,交通基础设施网络结构不尽合理,各种运输方式难以分工合作和有效衔接。因此,推进综合运输体系建设,首先要加强综合运输规划的编制工作,做好基础设施网络的优化布局和功能衔接。根据交通规划理论和方法,规划的基础是各种信息的支持,特别是现有交通基础设施的交通量、运输量、各种运输方式的分担比例等数据。因此,必须借助综合运输信息的互联互通,及时获取全面、准确的信息,才可以做出快速判断和科学决策,使决策更加具有前瞻性和科学性,增强指导性,避免决策失误带来的风险和损失。

六是推进多种运输方式有序衔接,提高运输效率需要综合运输信息实现互联互通。“十三五”时期,我国将全面建设综合运输体系,实现综合运输多种运输方式的有序衔接,即对于任何旅客、任何货物而言,在一次运输服务过程中,各种运输方式能够无缝衔接、紧密配合,形成一个有机整体。这就需要参与运输服务过程的每一种运输方式,无论是公路、铁路、航空、内河航运、远洋运输,还是城市公共电汽车、城市轨道交通等;每一个运输企业,无论是大型国有企业,还是民营企业、个体户,都能够及时获取各参与方的旅客或货物信息、动态时刻表信息等信息,为合理安排生产组织计划、调配运力提供基础数据支持。例如,已经建设的 6 条集装箱铁水联运示范通道和即将开展的 15 个多式联运示范工程,都对综合运输信息互联互通提出迫切需求。

七是推进综合运输服务一体化,提高运输服务水平需要综合运输信息实现互联互通。“十三五”时期,随着改革的深入,交通运输行业将进一步调整和优化产业结构,逐步打破行业垄断、部门分割、地方保护的市场壁垒。综合运输信息的互联互通有利于创新运输组织方式,实现各种运输方式间运输组织的顺畅衔接,并积极发展跨运输方式的全程运输服务供应商,为社会公众和企业提供全程化、一体化的联运服务,全面提高运输服务能力和水平。

3.2　阶段性特征

3.2.1　交通运输信息化发展阶段性特征

在新的形势与需求下,交通运输信息化发展阶段性特征主要由交通运输发展阶段性特征所决定。“十三五”时期,随着交通运输各项行政体制改革的不断深入,推进“四个交通”发展的各项措施不断落实,交通运输一体化、智能化发展将呈现新局面。智慧交通的发展将是推动综合交通、平安交通、绿色交通发展的重要路径,是交通运输信息化发展的高级阶段。总体看来,“十三五”时期交通运输信息化将迎来快速发展的关键时期,交通运输信息化发展的主要特征具体体现在以下 5 个方面[41]:

1)业务应用一体化

根据国务院行政体制改革的要求,交通运输部的重要职能之一是推动综合运输体系的建设,实现多种运输方式的一体化、区域交通一体化,已成为当前和未来一个时期交通运输行业发展最鲜明的特征。交通运输一体化的核心是运输组织的高效衔接。要落实运输组织的高效衔接,需要区域间、运输方式间的运输政策一体化、运输组织一体化、基础设施一体化、运输标准一体化、运输管理一体化、运输信息一体化等。综合交通建设是交通运输信息一体化的内在要求,是“十三五”时期信息化发展的根本特征。

2)服务方式多样化

宽带移动互联网、云计算等新一代信息技术以及智能手机等智能终端的快速发展,改变了经济社会的生产方式和服务方式,交通运输服务亦呈现多样化发展。例如,滴滴打车软件改变了传统的电话召车模式和支付模式;网上订舱、网上购票改变了传统的购票方式,电子客票改变了传统的值机模式;网络化组货改变了传统车货配载形势;视频会议改变了传统的出行模式;移动执法、电子巡查等改变了传统的现场执法模式。

3)应用功能智能化

大数据、云计算、物联网、宽带移动互联网等给交通运输智能化的发展带来了新机遇。经过多年的发展,交通运输业的计划、生产、管理、服务等多个环节实现了自动化智能化。例如,交通运输在运输生产计划的自动生成、机械装备的自动操作、高速公路不停车收费、公路桥梁航道等基础设施运行状态的自动检测、交通运输突发事件的自动检测、交通出行信息服务的主动推动等,从根本上改变了传统业务模式,促进交通运输业的转型发展。

4)技术路线集约化

大数据、云计算、物联网、宽带移动互联网等新技术积极推动行业技术体系的集成发展。随着综合运输体系的建设和发展,交通运输行业体系的集约协同发展成为趋势,要求信息技术走集约发展的道路。经过多年的发展,交通运输信息化总体上形成了以部、省两级互联互通平台为主骨架的总体架构,各级平台正在利用云计算等技术加强软硬件资源的整合。随着新兴信息技术产业的不断发展,“十三五”时期,交通运输信息化将加大融合利用程度或依托社会资源开展建设,新技术的发展对交通信息化新格局的影响较大。

5)推进方式市场化

信息化发展是经济社会组织形态的改变,政府与市场、政府与公众、中央与地方将以信息网络为纽带,形成一个有机的整体,发挥信息化的整体效益。随着事权改革的深化,各级负责各级的事权。所以,推动交通运输信息化建设应改变传统以电子政务建设为主体的模式,通过政策积极推进行业发展,鼓励市场信息化建设和互联,促进交通运输信息化的快速发展。

3.2.2 综合运输信息互联互通阶段性特征

综合运输信息互联互通的阶段性特征是指在我国现有体制机制下,现阶段综合交通运输信息互联互通体系的特征,包括各运输方式实现信息互联互通的基础条件、需求程度、发展水平等因素,以及综合运输信息互联互通的项目建设机制、市场交换机制等状况。总体上,我国综合运输信息互联互通存在以下5个方面的阶段性特征。这些特征,有的是特点层面的,将持续一段时间或者一直存在;有的是问题层面的,随着问题的解决,将不再存在。

1)互联互通基础不一致

由于历史和体制的原因,我国公路水路两种运输方式与铁路、民航在规划和建设上相对独立,在信息系统的建设上也相对独立,缺乏协同,直接导致了四种运输方式互联互通的基础不一致。公路、水路之间信息的互联互通基础较好,尽管没有建设数据中心,但是两种运输方式在交通运输部的统一协调下,信息互联互通无论是在体制机制等管理层面,还是信息资源系统架构等技术方面,都有较好的基础。铁路和航空方面,尽管两种运输方式均完成了数据中心的建设,但是由于其在信息系统规划和建设方面具有较强的独立性,与公路、水路以及彼此之间在互联互通方面存在一定难度。

2)互联互通需求不对等

在互联互通信息需求方面,公路、水路、铁路和民航之间互相的需求并不对等。四种运输方式中,公路、水路和铁路之间的需求相对比较平衡,彼此之间在需要对方提供信息的同时,也需要为对方提供类似的信息。但是相对于航空而言,由于航空的独立性较强,公路和铁路存在较多的单向信息需求,而水路的需求则较少。

3)互联互通发展不平衡

首先,运输方式之间互联互通发展不平衡,以公水、铁水、公铁和空铁的信息互联互通发展较好,这其中又以铁水和公水的信息互联互通发展最好。其次,区域之间发展不平衡,以东部地区发展较好,中部和西部地区发展较为缓慢,这其中又以东部城市的综合交通枢纽和集装箱吞吐量较大的沿海港口发展较好。再次,区域内部发展不平衡,互联互通发展较好的主要集中在区域内部的综合交通枢纽、港口等集疏运网络节点,其他地方的发展较为缓慢。

4)互联互通机制未建立

目前,综合运输各运输方式都在内部建立了适合本运输方式信息化建设和运维特点的领导小组,以此推进本部门的信息化。但是,涉及跨部门、多运输方式之间的体制机制,尚未建立。个别示范工程或地方层面如果确实需要,基本上是单独协调,效果不好,持续不长。制度层面,缺乏总体的顶层设计,以及相关的管理制度和技术规范。

5)互联互通市场未形成

四种运输方式中,公路和水路相对比较开放,而铁路和民航则相对比较封闭。尽管如此,四种运输方式的信息资源都存在一定的垄断性。一方面,受制于体制和机制,政府在行业物流信息服务和公众出行信息服务方面,即使想做也不能做,做了越位;另一方面,由于缺乏相关明确的规范和制度,苦于无法获得相关信息,市场想做却不能做。所以,最终导致政府主导的市场无法形成,而企业自发形成的市场不能形成,信息互联互通的市场总体上没有形成。

第 4 章　综合运输信息互联互通需求及差距分析

4.1　国家层面对综合运输信息互联互通的需求分析

分析国家层面对“十三五”时期综合运输信息互联互通的需求首先要对“十三五”时期国家对综合运输体系建设的发展要求有一个总体了解。

经过改革开放特别是近十余年来大规模、高速度的建设，各种运输方式的网络框架基本形成，技术装备水平得到较大提升，我国已经具备了构建综合交通运输体系的基础条件。“十三五”时期是我国交通基础设施网络完善的关键时期，是构建综合交通运输体系的重要时期，也是深化交通运输体制改革的攻坚时期。2013 年 3 月，十二届全国人大一次会议通过了《国务院机构改革和职能转变方案》，提出实行铁路政企分开，将原铁道部拟订铁路发展规划和政策的行政职责划入交通运输部；交通运输部统筹规划铁路、公路、水路、民航发展，加快推进综合交通运输体系建设。随着交通运输大部门体制改革落实工作的顺利完成，“十三五”时期我国将更加注重综合交通运输体系的建设。

政府主导交通运输发展不只是主导交通建设，更要重视运输服务，政府应将改进提升运输服务提升到事关经济社会发展战略层面加以推进，将运输服务纳入基本公共服务范畴不断加以提升。

交通运输服务涉及多个部门，仅靠交通运输部门闭门苦干，可谓“事倍功半”。“大部门制”并不是“全部门制”，改进提升运输服务必须高度重视和不断创新多部门合力推进的工作机制，形成定期会商、互相支持、资源共享、合作共赢的协作机制。

要解决综合运输服务体系建设中的深层次问题，必须深化改革，进一步理顺管理体制、完善法规规范、建立适用有效的管理机制、充分激发市场活力。加强区域协作，破除区域交通运输行政壁垒；加快推进更大区域内的交通运输政策环境一体化，真正使物流、运输骨干企业在市场竞争和资源配置中起决定性作用。

在综合交通运输体系建设过程中，信息化一直是非常重要的环节，而信息资源整合与共享又是交通运输信息化建设的重点和难点。实现综合运输不同运输方式的信息采集、传输及交换共享，有利于逐步实现各种运输方式的“无缝衔接”，促进各种运输方式的优势互补，构建现代综合运输体系。总体上，“十三五”时期国家层面对综合运输信息互联互通提出了如下需求：

1）经济社会发展要求综合运输实现信息互联互通

“十三五”时期，随着扩大内需战略的实施、工业结构调整和城镇化的深入推进，客货运输需求将持续稳定增长（“十三五”时期全社会交通运输量预测如表 4-1 所示），结构将不断升级。煤炭运输还将维持西煤东运、北煤南运格局，石油等大宗货物运输需求稳步增长。随着电子商务的快速发展，小批量、高价值、多频次货物运输需求快速增长。旅客运输需求将呈现多样化、多层次特征，国际、城际和城市客运需求随着高速铁路建设进度的加快也将迅速扩张，对运输的安全性、便捷性、舒适性、时效性提出了更高的要求。

"十三五"时期全社会交通运输量预测表 表4-1

指标	单位	2010年	2015年	2020年	年均增长率(%)
客运量	亿人	327	470	674	7.5
旅客周转量	亿人公里	27894	39500	56000	7.2
货运量	亿吨	324	455	638	7.0
货物周转量	亿吨公里	141838	201000	284000	7.2

综合交通运输体系必须适度超前建设，进一步依托信息资源的共享利用，提高客货运输能力，促进各种运输方式的有效衔接，推进综合运输服务，强化并完善政府在基本公共服务中的主导作用，不断提高运输效率和服务水平，以适应货物优质运输、及时送达和旅客购票方便、出行安全、换乘便捷等需要，从而逐步发挥交通运输在产业优化布局、人口合理分布、城市空间有序拓展等方面的引导作用。

2）城乡区域协调发展需要综合运输实现信息互联互通

"十三五"时期，国家将围绕"一带一路"、京津冀、长三角和珠三角等区域一体化，实施区域发展总体战略和主体功能区战略，继续促进区域协调发展，完善城镇化布局和建设。

综合交通运输体系建设要充分发挥信息化的引领作用，依托信息化手段，科学规划，准确决策，进一步强化引导区域空间布局和促进城乡协调发展的作用，优化东部地区交通网络结构，加强中部地区东引西联通道建设，扩大西部地区基础设施路网规模，统筹优化开发区等区域的通道建设；统筹城乡交通和区域一体化交通的协调发展，继续加大农村公路建设力度，逐步提高覆盖城乡的基本公共运输服务能力。

3）资源节约、环境保护需要综合运输实现信息互联互通

"十三五"乃至今后时期，我国的土地、线位、岸线、空域等资源将日益紧缺，石油对外依存度将不断提高，应对气候变化的责任压力越来越大。与此同时，交通运输领域的基础设施建设需求持续增长，能源消费快速增加，资源环境约束不断加大，节能减排任务艰巨，要求加快转变交通运输发展方式，优化运输结构，提升装备技术水平，改善运输组织，实现节约集约发展。

为了更加科学地转变交通运输发展方式，实现资源节约和环境保护，需要综合运输实现在交通基础设施层面信息的互联互通，改变以往各自为政的模式，科学评估已有及新建交通基础设施建设对环境的影响，更好地保护环境。同时，基于信息的互联互通，进一步优化综合运输各种运输方式的运力供应结构，提高载运工具和基础设施的利用率，从而达到节约资源的目的。

4.2 行业层面对综合运输信息互联互通的需求分析

行业层面对综合运输信息资源互联共享的需求不是一成不变的，而是分层次、分区域、分重点、分阶段都有所不同，即部省两级不同层次、不同区域、不同系统、不同时间的需求是不同的。总体上，行业层面对综合运输信息互联互通的需求主要表现在四个方面，即行业决

策、行业管理、安全应急以及公众服务。四个方面对综合运输信息互联互通的信息需求体现在不同的层级和急迫程度，如图 4-1 所示。

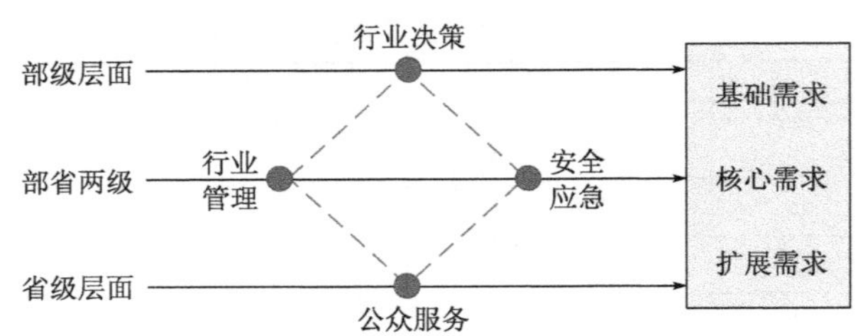

图 4-1　行业层面综合运输信息互联互通需求四维度关系图

行业层面对综合运输信息互联互通的需求具体如下：

1）提高行业决策科学性需要综合运输实现信息互联互通

“十三五”时期，是我国进一步建设完善综合交通网的关键时期。然而，长期以来我国民航、铁路、公路和水路的交通基础设施规划均由不同部门负责，相互独立、自成体系；交通基础设施网络结构不尽合理，各种运输方式难以分工合作和有效衔接。因此，推进综合运输体系建设，首先要加强综合运输规划的编制工作，做好基础设施网络的优化布局和功能衔接。根据交通规划理论和方法，规划的基础是各种信息的支持，特别是现有交通基础设施的交通量、运输量、各种运输方式的分担比例等数据。因此，必须借助综合运输信息的互联互通，及时获取全面、准确的信息，才可以做出快速判断和科学决策，使决策更加具有前瞻性和科学性，增强指导性，避免决策失误带来的风险和损失。本书所作研究希望能够推进各种运输方式信息的采集、共享和综合开发利用，从而为综合运输规划提供长期、稳定、可靠的信息源，对提高综合运输网络规划的科学性和合理性有所帮助。

2）提高行业管理和服务水平需要综合运输实现信息互联互通

随着交通运输业的快速发展，交通行业对信息化的需求正逐步延伸和扩展，资源整合和信息共享已成为交通信息化发展的主旋律，越来越多的系统需要在上下级之间、平级之间、政府与企业之间实现信息互联互通，采集、交换和共享数据，从而达到市场监管和经济社会调节的目标。

此外，交通运输政府部门的应急处置能力、内部协同效率和服务水平日益成为关注的焦点。在这种情况下，对信息资源实现充分共享和利用，已成为交通运输信息化建设消除“信息孤岛”“效率短板”的当务之急。现实情况是，大量的信息资源和应用成果积淀在各级管理部门中，形成了“部门化”的格局，交通运输政府部门掌握信息的能力不强，部省之间、省与省之间、部门之间的信息共享与交换渠道不畅，都直接影响了信息资源的有效利用和再开发，制约了政府部门的科学决策和有效监管。

3）提升行业安全监管和应急处置能力需要综合运输信息实现互联互通

综合运输信息互联互通的实现将进一步提升政府安全监管水平。“马航失联”、韩国“岁月”号沉船等事件中，当事国政府在安全监管、应急处理和信息披露方面存在的诸多问题，值得我们深思。可以预见，“十三五”时期，交通运输行业面临的安全监管和应急处置形势依然严峻，必须通过综合运输信息互联互通的实现，提高信息获取的广度和深度，利用信息做好事前安全监管和事后应急处置,并做好相关的信息发布工作,保持社会稳定。

4)提高公众服务水平需要综合运输实现信息互联互通

(1)综合运输信息互联互通有利于推进多种运输方式有序衔接,提高运输效率。

交通运输的根本目的是实现人和物便捷、经济的运送,因此,综合运输体系绝不仅仅是各种运输方式基础设施的合理布局和物理上的衔接,更重要的是运输生产组织的有序衔接,即对于任何旅客、任何货物而言,在一次运输过程中,各种运输方式能够无缝衔接、紧密配合,形成一个有机整体。这就需要参与运输服务过程的每一种运输方式,无论是公路、铁路、航空、内河航运、远洋运输,还是城市公共电汽车、城市轨道交通等;每一个运输企业,无论是大型国有企业,还是民营企业、个体户,都能够及时获取各参与方的旅客或货物信息、动态时刻表等信息,为合理安排生产组织计划、调配运力提供基础数据支撑。本书将研究保障各种运输方式、各运输管理部门、各运输企业的方法,无论政府还是企业,无论中央还是地方,均能公平地享有综合运输信息的一系列方案措施,促使各管理机构、运输企业打破管理体制、法律法规、商业竞争、资金成本等方面的制约,促进综合运输信息的共建、共享、共用,从而实现各种运输方式的有序衔接,提高运输组织的连续性、无缝性、全程性,提高运输效率。

(2)综合运输信息互联互通有利于推进综合运输服务一体化,建设群众满意交通。

综合运输的典型特征之一就是各种运输方式相互配合的紧密性、融合性和一体性。旅客或货主的核心需求是无论由何种运输工具、哪个运输企业提供运输服务,旅客或货物都能够及时、经济、便捷、安全、舒适地运送到目的地。因此,交通运输行业需要打破行业垄断、部门分割、地方保护,创新运输组织方式,实现各种运输方式间运输组织的顺畅衔接,并积极发展跨运输方式的全程运输服务供应商,实现“客运一票制”“货运一单制”,为社会公众和企业提供全程化、一体化的联运服务。然而,无论是实现现有运输企业之间运输组织的顺畅衔接,还是发展跨运输方式的全程运输服务供应商,运输企业或运输服务提供商均需要掌握各种运输方式的实时动态信息,才能够科学合理地组织运输活动,提供综合运输服务。

综合运输信息的互联互通能够保障各运输企业或运输服务提供商公平、及时的共享综合运输信息,从而推动一体化联运服务的发展,提高综合运输服务水平,满足人民群众和社会经济发展的需要,有力支撑现代综合运输体系的建设。

5)增强物流行业运输水平及竞争力需要综合运输实现信息互联互通

目前,我国物流市场发展潜力巨大,但市场竞争日益激烈,越来越多的外资企业,如UPS、联邦快递、DHL等物流公司进入我国物流市场。由于国内航空物流企业在经营规模、管理体制和信息服务等方面与国际水平相比还存在较大差距,使得我国的物流市场份额逐年减少。代理人和制造企业优先选择外资企业进行货物运输,其中很重要的原因就是国内物流企业的运输网络覆盖不足、运输效率低、缺少货物的全程跟踪服务等,而外资企业借助先进的运输网络和信息化技术手段,确保了货物运输的服务质量和效率。

国外先进物流企业的优势主要体现在以下两个方面:

(1)高效率的物流运输体系。运输是物流系统的重要环节,完善的运输体系为高度发达的物流业奠定了基础。国外物流能够充分利用各种运输方式的优势,构建高效的综合运输体系。航空、铁路、公路、水路等各种运输方式在综合运输体系中分工明确,衔接紧凑,节约了运输时间和运输费用,有效提高了运输效率。

(2)先进的现代化物流信息技术。高效的综合运输,必须依靠现代化的物流信息及网络技术支持。在过去十几年里,国外物流企业在新技术上投入大量资金,深入研究和应用移动通信技术、全球卫星定位技术、地理信息技术、计算机网络技术、自动化仓储技术、智能标签技术、条形码及射频技术及信息交互技术等,整合所有运输信息,形成包括移动通信、资源管理、监控调度管理、自动化仓储管理、业务管理、客户服务管理及财务管理等的一体化的现代物流信息管理体系,使货物流、信息流以及资金流能更快、更高效地运转,实现无缝衔接,保持整个商业活动的顺畅进行,更好地满足了客户的需求,提高了企业在国际物流中的竞争力。

与国外先进物流模式相比,我国物流行业还存在较大差距,有待提高。目前,航空、铁路、公路及水路的运输企业及组织布局分散,物流资源和市场条块分割,地方封锁和行业垄断等对资源整合与一体化运作形成体制性障碍,无法实现高效的综合运输模式。在信息化建设和应用水平上,虽然国内大部分物流企业均已使用信息管理系统,但整个物流行业信息化尚未制定统一标准,造成各物流企业间的信息系统差异较大,相对独立,无法实现互联互通。公共物流信息的缺失使得物流链中各企业的系统成为一个个信息孤岛,信息资源不能充分共享,缺乏有效的信息沟通与合作,无法实现现代物流所需的货物全程跟踪、电子商务、网上营销、资源优化调度、运输选择、快速通关及电子支付等功能,限制了整个物流行业的进一步发展。因此,需要实现我国各运输行业信息的互联互通,加强综合运输服务水平,提高物流效率与服务质量,提升我国物流企业的市场占有率及行业的整体竞争力。

4.3 综合运输信息互联互通需求分类

4.3.1 需求整体方向

综合交通信息互联互通是一项跨运输方式、跨部门、跨区域、涉及面广、综合性强、多层次、高科技的系统工程,直接关系各级交通系统决策科学化、管理现代化和业务综合管理水平的提高。加强信息资源的整合利用,实现各种运输方式信息资源的及时共享,已经成为深入进行综合运输信息化建设的迫切要求。

为了建立一个互相贯通、易于使用、快速可靠的综合运输信息网络,首先需要明确各种运输方式的信息共享需求,然后才能据此实现综合运输信息资源的合理规划和充分共享。基于对各种运输方式间信息互联互通需求的梳理,结合综合运输信息化发展的要求,本书拟按照以下总体思路对信息需求进行分类(图4-2)。

图4-2表明了综合运输体系中各种信息的流向。总体上,综合运输信息资源可分为四大类:分析决策信息、安全应急信息、业务协同信息和公共服务信息。四类信息的需求主体主要分为政府和市场两类。

根据图4-2提出了综合运输信息互联互通的总体原则:

1)政府层面

包括两个方面:一是,决策支持方面,涉及四种运输方式之间相关的载运工具、从业人员、基础设施等行业基础信息,必须互联互通;二是,安全应急和业务协同方面,涉及四种运输方式之间面向同一行政相对人、同一项业务以及同一监管对象的信息必须互联互通。

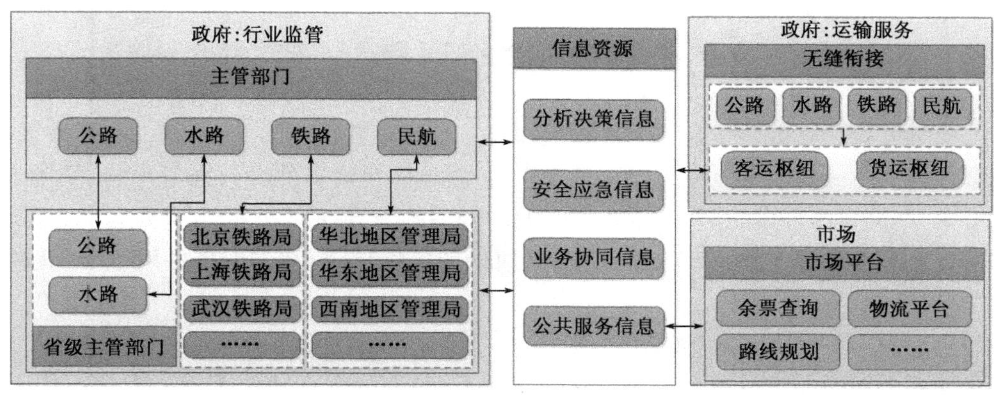

图4-2　综合运输信息互联互通需求分类总体思路图

2)市场层面

包括两个方面:一是,货运方面,涉及不同运输方式之间的转运驳运相关信息,如载运工具到达离开信息、货物本身的信息等有利于提高转运驳运生产效率的信息必须互联互通;二是,客运方面,涉及不同旅客运输方式之间的联程换乘信息,如载运工具到达离开信息、旅客总体信息等有利于提高旅客运输服务质量和体验的信息必须互联互通。

4.3.1.1　政府对综合运输信息互联互通的需求

政府层面的需求可以细分为两种:一种是来自政府各级主管部门,主要是从管理的角度、在"面"上对综合运输信息的互联互通提出需求;另一种是来自客运枢纽和货运枢纽,主要是从服务客货的角度、在"点"上对综合运输信息的互联互通提出需求。

1)政府各级主管部门的需求

(1)分析决策信息需求。

分析决策对信息互联互通的需求分为行业基础信息、交通运行信息和规划所需信息三种需求:

①行业基础信息的共享是为行政审批、企业考核等提供依据,减少企业违法运营,也是实现跨运输方式、跨区域、跨部门信息互联互通的基础,有助于提升政府部门的综合管理效率与管理能力。

②交通运行信息的共享便于决策者掌握各种运输方式已有运行状况,提高行业辅助决策的科学性,并提高行业监管力度。使交通决策部门能够基于全行业信息资源的统计分析自主进行战略决策。

③规划所需信息的共享是为多种运输方式联运路线的设计提供依据,便于各种运输方式科学合理的设计运输计划,实现不同运输体系间的有效衔接,提升客货运输服务质量和水平,提高综合运输效率;为各种运输方式的规划部门合理规划汽车站、公交站、火车站、机场等的位置、规模提供依据,加强综合枢纽和大型换乘中心的建设,实现多种运输方式的无缝对接,提高综合运输服务水平;为旅客设计最佳的出行路线。

(2)安全应急信息需求。

安全应急对信息互联互通的需求分为安全监管和应急处置两个方面的需求:

①安全监管信息分为安全生产信息和行业相关法律法规。安全生产信息的共享是为解

决安全生产协同监管问题，提升政府对综合运输企业及相关单位安全生产监督管理水平；行业相关法律法规的梳理整合，是为规范综合交通系统运行，建立综合运输体系下的法律框架。

②应急处置信息的共享是为解决突发情况下多运输方式协同处置的问题，提高重、特大突发事件的应急处置效率。在突发事件发生前，就能对突发事件做出准确预判，保障旅客和货物安全；在突发事件发生时，实现运力资源的合理调配，形成多运输方式联合应急方案，实时监控突发事件发展态势，科学、合理、及时地处理突发事件；在突发事件发生后，及时了解整体情况。

2）客运枢纽和货运枢纽的需求

选择客运枢纽和货运枢纽作为需求的落脚点，是因为客运枢纽和货运枢纽汇集了两种或两种以上运输方式，而要实现旅客和货物的便捷换乘或转运，就必须实现枢纽内各种运输方式信息的互联互通。客运枢纽和货运枢纽范围以外的运输，均为各种运输方式独立负责运营，属于单种运输方式内部管理的范畴，而本书研究范围为多种运输方式间信息的互联互通，因此不在本书研究范围内，在此不予考虑。

客运枢纽和货运枢纽的需求主要是针对同一服务对象提供运输服务时各种运输方式通过业务协同实现无缝衔接涉及的相关信息，具体分为公路运输动态信息、水路运输动态信息、铁路运输动态信息和民航运输动态信息四个方面的需求。公路、水路、铁路和民航运输动态信息的共享目的：为客运枢纽和货运枢纽高效分配和调度各种资源，建立综合调度和管理体系，提高综合运输效率，合理疏散客货运枢纽的人流和货流，实现旅客便捷换乘和货物及时转运，保障旅客顺畅出行，减少货物运送时间。

4.3.1.2　市场对综合运输信息互联互通的需求

市场层面的需求主体包括个人和企业，主要是对政府提供综合运输公共服务信息的需求：

（1）社会公众出行需要的信息是为方便旅客选择合适的交通方式，科学制订出行计划，减少旅客出行时间，使旅客快速到达目的地。

（2）企业需求包括两个维度：一是企业针对公众出行的信息需求，根据政府提供的公共服务信息开发新产品，丰富交通信息服务的内容，实现与政府的分工合作，共同构建多角度、全方位的行业信息服务体系，使社会公众能更全面、准确地了解行业信息，提升旅客出行信息服务水平；二是企业针对物流运输业务对综合运输信息的需求，主要是为方便货运企业能够实时掌握准确的货物运输状态，并根据所需信息进行生产调度管理、计划管理和物流管理，提升货物运输效率。此外，也为各种物流信息平台提供数据支撑。

4.3.2　需求具体分类

对各种交通运输方式信息需求进行分类的目的在于：将具有某种共同特征的信息需求归并在一起，使之与不具有共性的信息需求相区分，以支持各运输方式间信息资源的交换与共享。具体来讲，信息需求分类就是根据需求及信息本身的属性或特征，将所需信息资源按一定的原则和方法进行区分和归类，并建立起一定的分类顺序，以便管理和使用。信息需求分类是实现信息资源采集、组织、交换、共享和服务的工具，是实现信息共享的基础。

4.3.2.1　需求特征分析

不同需求主体(即政府和市场)对于综合运输信息互联互通的需求具有各自的特征:一是,政府和市场需求的驱动力不同,政府对综合运输信息互联互通的需求源自行业管理和业务协同,而市场的需求则源自提供公众出行信息服务和物流运输信息服务;二是,市场的需求随机性较强,相对灵活,而政府的需求则相对稳定;三是,在突发事件的情况下,政府对于信息的及时性要求较高,但日常数据可稍微滞后,而市场总是希望能够获得尽可能及时的信息,以便于制订计划、研发产品等业务的开展;四是,市场对于信息的表现形式具有多样化需求,获得所需信息的途径包括网络、广播、指示牌、地图、文本、电子信息屏、语音查询、手机短信等多个层次,而政府对于信息的表现形式需求相对单一。

4.3.2.2　需求具体分类

在与公路、水路、铁路和民航四种运输方式相关业务管理部门、科研机构以及专家学者进行了多次座谈后,搜集研究了大量的国内外综合运输信息共享相关文献,并结合各种运输方式已有的一些研究成果,对综合运输信息互联互通的需求进行了分类。综合运输信息互联互通具体的需求分类如表 4-2 所示。

综合运输信息互联互通需求分类表　　表 4-2

<table>
<tr><th>信息需求主体</th><th>需求方向</th><th>需求描述</th><th>需 求 内 容</th><th>信息提供方</th></tr>
<tr><td rowspan="3">政府需求(各级交通运输主管部门)</td><td rowspan="3">分析决策</td><td>行业基础信息</td><td>运营车辆/船舶/机车/飞机信息、企业信息、从业人员信息、行政审批/处罚信息、安全生产信息、经营行为信息、信用信息等</td><td rowspan="3">公路、水路、铁路、民航</td></tr>
<tr><td>交通运行信息</td><td>道路运行状态信息、公路运营管理信息;水路运输状况信息、船舶运行时刻表、港口运营管理信息;航班信息、机场运营管理信息;列车运行状态信息、列车时刻表、火车站运营管理信息;客货流量信息</td></tr>
<tr><td>规划所需信息</td><td>全国公路电子地图、公路网 OD 信息、客货运汽车车站信息、桥梁信息、隧道信息、涵洞信息、路口属性信息等公路运输静态信息;港口、码头和码头货场占地情况,航道、航线、跨河建筑物信息,全国水路电子地图、港口狭水道分布情况、水路路网 OD 信息、船舶保有量、水路交通线路密度分布情况、大型港口码头分布情况、水路沿线旅游景点等水路运输静态信息;新建铁路客运车站土地占用情况、火车运行线路图等铁路运输静态信息;全国航空电子线路图、飞机保有量、重要航线分布密度、飞行航班时刻表、大型机场分布、飞机到站信息、飞机乘客总人数等航空运输静态信息</td></tr>
</table>

续上表

信息需求主体	需求方向	需求描述	需求内容	信息提供方
政府需求(各级交通运输主管部门)	安全应急	安全监管信息	安全生产信息	公路、水路、铁路、民航
			行业相关法律法规	
		应急处置信息	应急资源信息(如数量、种类、大小、位置等);风险隐患信息(如危险路段分布等);应急单位信息;突发事件信息;监控信息;应急预案信息	
政府需求(客运枢纽/货运枢纽)	业务协同	公路运输动态信息	地区客运量和客运周转量;地区货运量和货运周转量;客运(货运)密度;客运价格/货运价格	公路、水路、铁路、民航
		水路运输动态信息	船舶通航能力、航道利用率、实时水路运输状况信息、客运量和客运周转量、货运量和货运周转量、客(货)运密度、码头班次动态、水路客运/货运价格	
		铁路运输动态信息	预确报信息、列车货票信息、车皮计划、发运计划、列车编组信息、计量数据等信息	
		民航运输动态信息	班次信息、航空通航能力、客运量和客运周转量、货运量和货运周转量、客(货)运密度、航空客运/货运价格、固定航线状况统计和航班信息、高密度使用航线分布等信息	
市场需求	公共服务	社会公众出行信息	公交路线图、公交车辆实时到站信息和离站信息、公交误点信息;航班或车次即将到港(站)或离港(站)信息、航班或车次晚点及晚点发展情况信息、目的地交通系统当前状况信息(交通管理和控制信息、交通流量信息、道路施工信息、收费站信息等);到站换乘提示信息、售票点信息、余票信息、换乘车次票价信息、突发事件信息、气象信息;目的地周边交通设施情况(停车场)和公共交通站点情况	政府
		物流运输服务信息	货物数据及状态跟踪信息、运输线路信息、货运企业信息、货主信息、信用信息、载运工具信息、调度信息、路况信息、联运信息等	

4.4　综合运输信息互联互通需求定位

从发展实践看，综合运输发展是由低级向高级逐渐发展的过程。在不同的发展阶段，综合运输的发展目标、产业形态、核心问题不同，综合运输信息共享的需求也具有不同表现。因此，本书将综合运输信息互联互通的需求定位为三个层次，即基本需求、核心需求和扩展需求。不同层次的需求，信息共享的范围也有所不同。

(1)基本需求，即行业基础信息。此类需求需在全行业范围内实现共享。这个层次的信息主要是满足管理决策部门从整体上把握综合运输各种运输方式基础状况的需求，主要包括运营车辆/船舶/机车/飞机信息、企业信息、从业人员信息、行政审批/处罚信息、安全生产信息、经营行为信息、信用信息等。

(2)核心需求，即交通运行信息、规划所需信息和安全应急信息。此类需求需在部分政府部门之间实现共享。这个层次共享的信息主要是满足行业决策、综合管理及应急指挥，加强各运输方式业务协同的需要。

(3)扩展需求，即社会公众出行和物流运输服务。此类需求为政府的牵引性需求，需面向社会公众实现信息共享。这个层次共享的信息主要是为满足提升客货运输信息服务水平，提高综合运输效率的需要。

4.5　综合运输信息互联互通需求与差距分析

结合前文分析，得到综合运输信息互联互通需求与供给现状的对比，如表 4-3 所示。

综合运输信息互联互通需求与供给对比表　　表 4-3

需求信息			供给信息	
需求方向	需求描述	需求内容	系统名称	供给内容
分析决策	行业基础信息	运营车辆/船舶/机车/飞机信息、企业信息、从业人员信息、行政审批/处罚信息、安全生产信息、经营行为信息、信用信息等	省级物流公共信息服务平台（示范工程）	公路货物数据、载运工具信息、企业信息、人员信息、信用信息、运输实时信息等
			道路运输管理信息系统	车辆数据、车辆综合检测数据、人员数据、年审数据、费用数据等
			道路运政管理信息系统	运输企业人员信息、客运线路数据、运输车辆数据、行政审批许可数据、执法数据等
			西部港口物流枢纽信息服务平台	港口物流相关企业、行业和政府相关行政主管部门资源与信息
			海事业务数据库	船舶、船员、申报员、船载货物、码头、过驳作业点、施工作业管理、航行警告等海事业务管理信息
			全国港口管理信息系统	港口、港区、码头、泊位、装卸机械、仓库堆场、港口经营人、港口经营许可资质等信息

续上表

需求信息			供给信息	
需求方向	需求描述	需求内容	系统名称	供给内容
分析决策	行业基础信息	运营车辆/船舶/机车/飞机信息、企业信息、从业人员信息、行政审批/处罚信息、安全生产信息、经营行为信息、信用信息等	国内水路运政管理信息系统、国际水路运输信息管理系统、海峡两岸航运网上行政许可系统	全国范围内水路运输（服务）企业、船舶、班轮航线、从业人员等信息
			水路运输信息核查子系统	水路运输相关资质、海事船舶登记及船舶进出港签证、企业经营及船舶营运违章等信息
			全国水运工程建设市场信用信息管理系统	对水运工程建设市场的从业企业、从业人员、建设项目基本信息
			电子政务系统 EGS	铁路信息公开、网上办事、政民互动等业务
			民航电子政务	实现民航政务公开、行政许可、网上申报、在线审批、出行服务等功能
			航空物流信息服务平台（是现有在建的公共、中性、资源共享的唯一国家级、行业级物流信息平台）	航空物流产业链上各参与方的信息
	交通运行信息	航班信息、道路运行状态信息、公路运营管理信息；水路运输状况信息、船舶运行时刻表、港口运营管理信息；航班信息、机场运营管理信息；列车运行状态信息、列车时刻表、火车站运营管理信息；客货流量信息	道路运政管理信息系统	客运线路数据、运输车辆数据
			高速公路联网（不停车）收费系统	车辆数据（流量、车型）、收费数据等
			国际水路运输信息管理系统	班轮航线
			行车组织策划系统 TOPS	列车运行图、列车编组计划的编制、管理及信息服务
			民航离港系统	航班计划信息、航班状态信息
			航班控制系统 ICS	航班动态与历史信息、代码共享、附加服务
			座位管理系统 SEAT	航班机型和座位号
			公路信息资源整合与运行监测系统推广	交通量调查数据
			综合客运枢纽管理与信息服务系统（示范工程）	多种运输方式客运量、线路数据、时刻表数据等

续上表

需求信息			供给信息	
需求方向	需求描述	需求内容	系统名称	供给内容
分析决策	规划所需信息	全国公路电子地图、公路网 OD 信息、客货运汽车车站信息、桥梁信息、隧道信息、涵洞信息、路口属性信息等公路运输静态信息；港口、码头和码头货场占地情况，航道、航线、跨河建筑物信息，全国水路电子地图、港口狭水道分布、水路路网 OD 信息、船舶保有量、水路交通线路密度分布、大型港口码头分布情况、水路沿线旅游景点等水路运输静态信息；新建铁路客运车站土地占用情况、火车运行线路图等铁路运输静态信息；全国航空电子线路图、飞机保有量、重要航线分布密度、飞行航班时刻表、大型机场分布、飞机到站信息、飞机乘客总人数等航空运输静态信息	公路地理信息系统（公路基础数据库/GIS）	基础设施基本数据（编号、类型、位置、方向、管理单位等），基础设施技术指标数据，道路附属设施信息，电子地图服务数据等
			桥梁、隧道信息管理系统	基础数据、技术状况数据、分析预警数据（公路）
			全国港口管理信息系统	港口、港区、码头、泊位、装卸机械、仓库堆场、港口经营人、港口经营许可资质等信息
			决策支持系统 DSS（拟建）	为铁路各级管理者提供决策所需信息
			铁路信息共享平台（拟建）	铁路信息资源的交换共享及综合分析平台
			铁路地理信息平台（拟建）	国家、铁路空间数据及相关属性数据
			建设管理系统 CMS	工程实施、建设管理和铁路运营管理有机衔接的铁路建设管理系统
			车号自动识别系统 ATIS	自动采集铁路机车、车辆相关信息
			机场地理信息系统（AGIS）	机场地理信息
			空管系统数据信息整合平台	空管气象、航班、航行情报等信息
安全应急	安全监管	安全生产信息	危险货物运输监控系统	车辆位置数据、车辆状态数据、报警数据、危险货物数据等（公路）
			道路运输安全监管系统	运输企业数据、车辆数据、审批数据、处罚数据、收费数据、统计数据等（公路）
			公路路政管理系统	案件信息、处置信息、统计分析数据等
			重点营运车辆联网联控（推广工程）	重点营运车辆联网联控（推广工程）

续上表

需求信息			供给信息	
需求方向	需求描述	需求内容	系统名称	供给内容
安全应急	安全监管	安全生产信息	客运监控系统	客运车辆数据、车辆运行实时数据、客运数据等
			治超信息管理系统	超限超载车辆数据、人员数据、统计数据等
			水上不停船执法示范工程	执法信息
			电子巡航	巡航信息
			三峡船闸视频监控图像网络传输系统	三峡船闸部分视频监控图像
			水路运输信息查询服务子系统	运输生产、运输管理等相关信息
			公安管理信息系统 PSMIS	铁路公安地理信息管理、警衔管理、指纹识别、刑事案件管理、站车治安管理等
			专业安全监控系统 TOSMS	自动采集铁路机车、车辆、线路、桥隧、信号、电网等监测信息
			安全监督管理信息系统	实时监测铁路安全生产动态
			民航安检管理信息系统	民航旅客安全监管信息
			信息系统综合监控平台	全路信息系统机房监控、设备、业务、环境监控等(铁路)
			安检管理信息系统	航空安全监管信息
		行业相关法律法规	旅客运输管理系统 PTMS	铁路客运规章、质量、安全等管理,客运组织及客运站、段管理等
	应急处置	应急资源信息(如数量、种类、大小、位置等);风险隐患信息(如危险路段分布等);应急单位信息;突发事件信息;监控信息;应急预案信息	智能航道	为航运企业运输决策、船舶航行安全、海事监管、政府水上应急等提供服务
			防灾安全监控系统	自动采集风、雨、雪、异物侵限、地震等监测信息(铁路)
			应急平台系统 RCS	针对自然灾害、事故灾难、公共卫生、社会安全四类突发事件,提供应急值守、资源管理、预案管理、应急指挥、模拟演练、总结评估等功能(铁路)

续上表

需求信息			供给信息	
需求方向	需求描述	需求内容	系统名称	供给内容
业务协同	公路运输动态信息	地区客运量和客运周转量;地区货运量和货运周转量;客运(货运)密度;客运价格/货运价格	高速公路联网(不停车)收费系统	车辆数据(流量、车型)、收费数据等
			港口集装箱多式联运信息服务系统(示范工程)	集装箱信息、多运输方式运行信息、联运信息等
			综合客运枢纽管理与信息服务系统(示范工程)	多种运输方式客运量、线路数据、时刻表数据等
			国家公路网交通情况调查数据采集与服务系统	公路基础数据、交通流量数据、车型分类数据、统计分析数据等
			高速公路通信信息联网	高速公路通信信息联网
			公路信息资源整合与运行监测系统推广	基础设施数据、行业管理数据、交通量调查数据等
	水路运输动态信息	船舶通航能力、航道利用率、实时水路运输状况信息、客运量和客运周转量、货运量和货运周转量、客(货)运密度、码头班次动态、水路客运/货运价格	水运综合运行分析子系统	水运生产、运输市场等信息,掌握我国水路运输市场、水路运输生产相关情况
			国际水路运输信息管理系统	班轮航线
			水运生成快速统计系统	主要港航企业生产快报数据、生产调度信息
			智能航道	为航运企业运输决策、船舶航行安全、海事监管、政府水上应急等提供服务
	铁路运输动态信息	预确报信息、列车货票信息、车皮计划、发运计划、列车编组信息、计量数据等信息	车流推算与调整系统 CFCRS(拟建)	铁路路网重空车流数据
			行车组织策划系统 TOPS	列车运行图、列车编组计划的编制、管理及信息服务
			货运营销及运力配置系统 FMCOS	货运计划、技术计划管理,空车优化配置、路网整体使用效率和效益最大化等(铁路)
			货物运输管理系统 FTMS	铁路确报、调度、货运、制票、车号自动识别、货运营销与生产管理、车站管理等信息

续上表

需求信息			供给信息	
需求方向	需求描述	需求内容	系统名称	供给内容
业务协同	民航运输动态信息	班次信息、航空通航能力、客运量和客运周转量、货运量和货运周转量、客(货)运密度、航空客运/货运价格、固定航线状况统计和航班信息、高密度使用航线分布等信息	民航离港系统	旅客的值机、登机等信息
			航班控制系统 ICS	航班信息
公共服务	社会公众出行	余票信息;换乘接驳信息;联乘信息;突发事件信息;气象信息;目的地地图、交通管理和控制信息、交通流量信息、道路施工信息、收费站信息、各种交通方式的运行时间和路线等	旅客服务信息系统 PTSS	提供铁路客运站信息自动广播、导向、揭示、监控等,以及列车旅客服务、站车客运信息无线交互应用
			客运联网售票系统	公路客运班次、岗位数据、售票数据等
			公众出行信息服务系统(中国公路信息服务网)	路网数据、突发事件数据、服务信息等(公路)
			水路客运联网售票系统	船舶联网售票
			铁路客户服务中心系统	发布铁路运输能力和客货运输产品、多元化经营产品信息
			铁路电子支付平台	为铁路客户提供互联网、银行业务终端(POS)、语音电话、手机 WAP 等多渠道、多手段服务以及铁路电子交易处理和在线资金结算电子商务服务
			客票系统 TRS	提供铁路票务服务、营销决策、客运管理等功能
			航班预定系统 BKG	旅客座位预订和旅客订座记录(PNR)信息
			票证处理系统 DOC	航空公司空白票证,电子客票、行程单打印,电子杂费票据
			航班控制系统 ICS	航班动态与历史信息、航班库存、代码共享、附加服务库存
			附加服务系统 EMD	航空附加服务的库存控制及管理

续上表

需求信息			供给信息	
需求方向	需求描述	需求内容	系统名称	供给内容
公共服务	社会公众出行	余票信息;换乘接驳信息;联乘信息;突发事件信息;气象信息;目的地地图、交通管理和控制信息、交通流量信息、道路施工信息、收费站信息、各种交通方式的运行时间和路线等	旅客管理系统 CSM	民航常旅客信息
			座位管理系统 SEAT	航班机型和座位号信息
			民航旅客保护系统 REACT	非旅客自愿航班变更时,对旅客座位、座位号及其他附加服务的保护信息
			旅客离港控制系统 DCS	民航旅客的值机、登机信息
			机场信息管理系统	机场旅客行李管理、机场建设费管理信息
	物流运输服务	货物数据及状态跟踪信息、运输线路信息、货运企业信息、货主信息、信用信息、载运工具信息、调度信息、路况信息、联运信息等	物流信息平台	公路货物数据、运力数据、企业基本信息、信用数据、交易数据等
			长江航运物流公共信息平台	涉及长江航运货、船、人的完整的物流信息
			全国交通电子口岸公共信息服务平台(一期)	为运输和物流企业以及相关利益人提供准确、高效的信息服务
			货运多元化经营管理系统(拟建)	提供跨局跨系统的铁路物流信息交换和共享
			货运电子商务系统(货运服务系统)	实现铁路客户运输及物流需求的自动受理、交易的智能处理、信息的实时反馈,提供"门到门"现代物流服务
			物流管理信息系统	实现接取、装卸、仓储、包装、加工、配送的一体化管理,提供物流追踪服务,实现门到门的物流服务(铁路)
			航空公司货运生产系统	航空公司与代理人、货站、海关、其他合作伙伴等物流参与者之间无缝连接,实现信息交互、数据流转,保障货运各环节的业务流程操作
			机场货站货运生产系统	覆盖国内国际进出港、中转、计费、仓库、集控管理等核心业务,几乎涵盖了全部货站业务岗位和操作点
			航空物流信息服务平台	为航空物流参与者与监管者提供一站式、行业级的应用与服务

由表4-3可以看出,各种运输方式已有或拟建的信息系统所能提供的信息基本能够满足综合运输信息互联互通的需求,即具备互联互通的条件。但是,供给和需求之间还存在以下几个方面的差距:

一是内容存在差距,即存在“一数多源”或“一数无源”的现象。“一数多源”表现在部分需求信息从多个信息系统均可获得,例如省级物流公共信息服务平台、道路运政管理信息系统和道路运输安全监管系统均可提供车辆信息。这些信息的统一性,将对信息互联互通的实现产生一定影响。“一数无源”表现在某些需求信息无法从已有信息系统获取,例如行业相关法律法规方面,只有铁路的旅客运输管理系统可以提供铁路客运规章,公路、水路和航空运输均未建设信息系统提供此类信息,在信息互联互通前需要实现相关法律法规的统计整理;应急处置方面,铁路有专门的应急平台系统,能够针对自然灾害、事故灾难、公共卫生、社会安全四类突发事件,提供应急值守、资源管理、预案管理、应急指挥、模拟演练、总结评估等功能,其他运输方式还没有建立专门用于安全应急的信息系统,无法实现此类信息的互联互通。

二是质量存在差距,即存在建设标准不统一、信息缺项漏项、信息资源分布不平衡等现象。例如,各种运输方式现有的主要信息系统分别在不同的历史时期、不同的业务需求和不同的开发背景下完成,因此,各信息系统遵循不同的开发标准和数据标准,导致数据不一致、编码不唯一等问题。在公路建设与管理领域,公路基础设施数据、交通量数据、视频监控图像、公路气象数据,公路建设、养护、路政管理数据,车辆、通行费数据分布在交通运输厅、公路局、收费中心、高速公路建设企业等单位的各种业务系统中,并未实现集中管理。

三是流程存在差距,即共享后信息的主要用途,信息系统之间通过什么方式进行共享,共享后如何实现与业务系统的对接,均缺乏相应的流程和规范。

四是平台存在差距,即没有统一的平台能够实现信息的互联互通。虽然铁路和航空都有自己的数据中心,但是统一对四种运输方式信息互联互通进行管理的“虚拟平台”尚未建成。无论是各系统间各自独立建立连接,进行对应的数据交换,还是建立统一的数据中心等都无法实现。

五是机制存在差距,即没有针对综合运输体系制定相应的信息互联互通管理制度、标准和管控措施,尚未形成一套持续推进、有机协调的发展机制和后评估体系,无法开展信息互联互通相关的具体工作。

六是体制存在差距,即缺乏统一的协调机构以保障综合运输信息互联互通工作的顺利开展。这个协调机构需要以综合交通发展趋势为立足点,加强统筹谋划和各种运输方式间的相互衔接,定期进行信息交流和重大项目沟通,协调解决信息共享过程中的重点和难点问题。

第 5 章　综合运输信息互联互通案例分析

5.1　江苏省综合运输信息互联互通实践

1)江苏省交通运输信息化发展基本情况

围绕“率先基本实现交通运输现代化”目标，坚持需求引导、应用主导、技术统筹，江苏省交通运输电子政务和信息化建设有序推进，行业信息化应用水平得到整体提升，公众信息服务水平大幅度提高，为转变政府职能、加强行业管理、提高服务水平、推进交通运输科学发展提供了有力支撑。

为进一步推动全省交通运输信息化建设应用与融合发展，江苏省交通运输厅于 2012 年召开了全省交通运输信息化工作会议，在推进实施部省信息化试点示范工程(南京交通主枢纽南站综合管理与信息服务系统、交通运输统计分析监测和投资计划管理信息系统、公路水路建设与运输市场信用信息服务系统、公路水路安全畅通和应急处置系统、出租汽车服务管理信息系统等)的基础上，规划和部署启动了智慧交通“232 畅通网”工程建设，示范推进现代信息技术与交通运输全领域、全过程的深度融合，优化提升业务功能，充分发挥信息化引领交通运输转型升级的重要作用，以推进交通运输组织智能化、管理服务高效化和决策支持科学化。

“232 畅通网”，即 2 畅(e 路畅行、e 水畅行)、3 通(e 客通、e 货通、e 卡通)、2 网(权利阳光网、安全应急网)。e 路畅行工程包括高速公路综合管理与公共服务信息化示范工程、公路网运行监测与数据综合分析决策支持示范工程、公路养护与桥梁检测数据分析与辅助决策示范工程；e 水畅行工程依托船联网工程，包括内河船舶智能过闸服务示范工程和苏南航道网水运监测与调度示范工程；e 客通工程包括公众出行信息服务示范工程、公路客运联网售票升级工程、驾驶培训智能化管理与服务系统升级工程；e 货通工程主要是指交通物流公共信息服务平台建设工程，包括建成区域性甩挂运输信息平台；e 卡通工程即公共交通省域“一卡通”建设工程；权利阳光网工程为交通行政权力网上公开透明运行三级联网建设工程；安全应急网工程，包括内河水上应急指挥管理平台建设工程、城市轨道营运应急管理信息系统示范工程。“232 畅通网”工程建成后，将有力提升和推动江苏省交通运输整体信息化水平和协同应用水平。

2)江苏省综合运输信息互联互通基本情况

总体而言，江苏省各行业、各部门围绕业务工作开展主动谋求共享合作、互联互通的观念逐渐形成，积极探索共享合作、互联互通的工作机制，不断形成和加强工作合力，为相关工作的开展推进创造了良好的氛围和环境。

(1)综合运输信息互联互通总体架构。

跨部门数据交换原则上采用平台交换的方式，通过上级交通主管部门数据中心平台交换;毗邻地区或业务关联密切的实时数据交换,现阶段采用直连交换才能高效运转的,也可先行采用直连交换,条件成熟后再切换为平台交换。对外交换统一由省厅信息中心负责建设运维的厅数据中心(交换)平台负责,包括部省间数据交换、邻近省(市)间数据交换、与省有关部门间的数据交换以及与社会企业的数据交换。

积极引导“江苏运联”负责运营的铁水联运信息服务平台,根据企业化、市场化运作原则,逐步拓展为多式联运信息服务平台,提供各种运输方式、各类市场主体(船代、货代、货主、运输企业等)间的数据交换和信息服务,同时力争发展成为港口间、港口运营管理部门与关检部门间的数据交换平台。

(2)交通运输系统内部信息互联互通。

与中国铁路信息技术中心、上海铁路局、江苏海事局加强信息资源共享合作,专题与江苏海事局签订了共享合作协议,正在开展与中国民航信息网络股份有限公司合作洽谈,积极推进大交通运输系统内的信息互联互通工作。发起推动长三角交通运输信息资源共享合作工作,牵头编制了共享资源目录,明确了信息交换内容、方式、应用单位、维护单位、频率等,在高速公路管理信息互通、ETC 联网运行、海事签证数据交换、车船 GPS 联网联控等的基础上,进一步推进公路客票等信息的共享应用。依托“江苏交通”门户网站完成了公路、水路、铁路、航空和城市交通出行相关服务信息的整合,并建设完成江苏省公众出行信息服务平台,在整合公路水路交通运行动态的基础上,集成了列车时刻表、航空时刻表、省内客运列车的正晚点信息、省内民航机场进出港航班的起降动态信息。

公路水路方面,一是进一步加强条块间信息化建设应用的统筹协调,明确了业务系统建设以条为主,数据中心建设与综合管理服务以块为主的原则,业务条线应用系统要为地方综合应用综合管理服务提供数据条件。二是不断探索和建立完善部门间信息化建设应用会商机制。依托船联网综合统计与投资管理等“232 畅通网”工程和交通运输部信息化试点示范项目建设,积极引导和推进关联应用部门建立业务协同与流程优化联席会商机制,共同加强关联应用需求分析,优化系统业务流程与功能设计,建立支撑信息系统协同运行的配套工作机制。三是强化单位内部“需求管理、应用主导、技术统筹”的工作推进机制,由业务部门负责需求分析和业务应用,信息化部门负责统一建设运维,为互联互通奠定坚实的基础。

(3)政府部门间信息互联互通。

与省公安厅、应急办、信用办、安监局、旅游局、安全厅、经信委、气象局、测绘局、统计局等开展了合作,并努力推动这些合作逐步取得实效;根据港口发展“一次申报、一次检验、一次放行”的业务需求,积极推进与港口关检部门的合作。其中,与省公安厅签订信息资源共享合作框架协议,推进强化省市两级道路交通管理信息数据互换共享,建立联合分析研判机制,共同分析研究综合整改措施;通过与气象部门合作,在沪宁高速公路上实现提前 1 小时发布气象预警信息,并由此催生了交通气象这门新学科。

5.2 浙江省综合运输信息互联互通实践

2005 年开始,浙江省逐步建设完善省级数据中心,目前已制订了统一的数据元标准、统一的数据交换规范,搭建了统一数据交换平台,整合了公路、水路、运管等部分信息资源,并通过对这些数据深度发掘和分析,建设了一些应用系统,为管理部门提供行业监管和分析决策服务。2013年,依托浙江省综合交通应急指挥中心建设,陆续整合了铁路、航空、城市公共交通以及公安交警等相关部门的多类数据。

1)标准等基础性互联互通工作

(1)初步制订了统一的数据元标准。数据元标准涵盖了公路、水路、道路运输等内容,已逐步被交通运输部发布的《交通信息基础数据元标准》(JT/T 697)所覆盖。

(2)初步建立统一的交换平台。平台的建设模式为"1 + N"分布式交换。"1"是指省厅交换中心;"N"是指 N 个节点,目前有4个节点,分别为交通运输部节点、省政府及其他省级职能部门节点(如省发改委、公安厅)、互联网数据中心节点(IDC)、下属交通系统部门节点(如省公路局、杭州市交通局等)。

(3)初步建成了数据分析挖掘平台。通过建立业务模型,对已整合的数据进行全面分析,为数据应用服务。

2)交通运输系统内部信息互联共享

2013年初,浙江省成立了以分管副省长为指挥长,省公安厅等12家省级部门为成员的省综合交通应急指挥部。指挥部办公室设在浙江省交通厅,指挥部信息平台建设由厅信息中心负责。同时,省领导提出各市(地区)设立市级指挥部,其功能定位与省综合交通应急指挥部互为补充,互为补台。市级指挥中心以数据采集和应用为主,省级指挥中心以综合性、公用性平台建设为主。

目前,省级指挥中心已建成视频综合、地理信息等五大平台,作为省市(地区)两级指挥中心共享共用平台和基础。依托指挥中心建设整合铁路、航空、城市公共交通以及公安交警等相关信息,为应用系统的建设提供基础条件。整合的部门数据情况如下:

(1)铁路数据。浙江省范围内铁路班次时刻表数据、客流数据、部门站场视频数据等。

(2)民航数据。浙江省内7个民用机场航班时刻表数据、航班流量数据分析、延误预警情况通报、订票数据、区域 ADS - B 动态数据、浙江始发机场气象告警实时数据、杭宁温(杭州、宁波、温州)机场部分视频数据。

(3)城市公交数据。部分城市公交、地铁运营数据。

(4)公安交警数据。高速公路管制信息、即时路况信息、里程桩信息、高速固定视频、高速公路施工审批信息、营运车辆违章信息、道路客货运驾驶员违章信息、事故信息等。

3)区域交通信息互联共享

2009年起,长三角(三省一市)交通运输主管部门着手开始信息资源共享合作工作。2009年,依托《泛长三角高速公路应急保障体系研究》初步建立长三角地区高速公路信息资源共享,当时主要集中在省界附近的视频等信息共享。2013年6月,江苏省交通运输厅提议在南京召开了长三角交通信息资源共享合作第一次联席会议。目前,在上海召开了第三次联席会议,就落实部科技示范工程要求,明确三省一市分工及目标任务。

(1)完善组织架构。示范工程建设在交通运输部科技司的主持下,在长三角建立联席会议制度,每年召开两次联席会议。同时,联席会议下设各省联络员,负责具体落实会议确定的工作内容和目标。

(2)科技示范工程支撑。由浙江省牵头申报的《长三角综合交通运输信息共享应用与服务科技示范工程》获得了交通运输部的批复。为支持该项工作,科技示范工程的科技支撑课题《区域交通运输信息资源一体化关键技术及应用服务研究》已通过交通运输部的评审。

(3)区域一体化。长三角区域交通信息资源共享合作,符合区域经济发展的需要,是长三角区域经济发展一体化,最终实现交通区域一体化的必然要求。

4)基于信息互联共享的应用和服务

通过几年信息资源整合,浙江省利用数据研发了一些应用和服务:

(1)建成统一的重点营运车辆GPS信息系统。整合了重点营运车辆、业户、运营商、实时动态GPS数据等信息,建立了重点营运车辆GPS信息系统,为交通行业相关部门及公安、安全监管等部门提供信息服务。

(2)建成统一的视频整合系统。通过整合内外网视频监控数据,建立了统一视频监控整合系统,实现对全行业视频源的统一调用,实时监控交通重要枢纽、客运场站、航道等视频信息,目前已有8300余路。

(3)建成统一的行政许可信息监控系统。省级行政许可审批过程数据通过业务局的审批业务系统,按照数据规范要求,实时交换到省交通运输厅网上审批监控系统,对行政许可程序、审批意见等内容进行监控。

5.3 城市综合运输信息互联互通实践

5.3.1 杭州市——需求引导

杭州市围绕公交都市建设,提供了多样化的公众出行方式,以满足交通服务需求。而信息的互联互通,是各种交通方式有效顺畅衔接的基础。

1)已整合的交通信息资源

杭州在充分整合公路、水路信息资源的基础上,对分散在各个管理部门的各类交通信息资源也初步实现整合。主要整合的交通信息资源如下:

(1)数据资源。

①交通运输局的交通地理信息图层,公路收费站流量、公路气象、公路路况、客货运车辆GPS数据、道路运输业户、机动车驾驶员培训、机动车维修企业及维修配件信息;

②交警支队的道路运行动态信息、道路监控视频、机动车保有量分类统计数据;

③城管委的道路公共停车泊位的停车数据;

④规划局的交通地理信息图层、规划地理信息图层、航空影像图层;

⑤城乡建委的城市交通基础设施项目建设信息;

⑥公交集团的公交静态数据、公共自行车站地理信息数据、公交车GPS数据、公交基础数据统计信息;

⑦地铁集团的地铁静态信息、地铁客流量数据;

⑧铁路杭州站的杭州站列车时刻表、列车离(到)站信息、离(到)站客货运量信息;

⑨萧山机场的航班时刻信息、航班离(到)港信息、离(到)港旅客数量信息、离(到)港货物量信息;

⑩长运集团的长途客运班车线路、班次、票价信息,长途客运班车售检票统计信息;

⑪水上巴士公司的码头及船载监控视频,水上巴士线路、班次、票价信息,客流统计信息。

(2)视频资源。

公路、水路、市区道路、东站枢纽、火车城站、机场、长途车站、地铁站台、公交、车载等各类视频共计 14221 路。

(3)GPS 信息。

入网出租车、公交车、旅游客运、校车、危化品车辆、长途客车、船舶等共计 32630 辆(艘)。

2)信息资源应用与服务

(1)发布“交通 · 杭州”移动应用软件。

杭州市依托综合交通数据中心,采集了涵盖城市公共交通、长途客运、铁路客运、民航客运、水路客运、旅游客运、城市道路状况、公路运行状况、车辆维修等各类与公众出行相关的信息资源,经过分析处理后,通过服务热线、网站系统、移动终端以及社会媒体等多种方式向社会公众、从业人员和行业部门进行发布。其中,2013 年发布运行的“交通 · 杭州”移动应用软件,根据公众在市区交通、城际旅行和自驾出行等情景下的不同需求和特点,针对性地提供了五位一体公交体系(含公交车、公共单车、地铁、水上巴士和出租车)、长途公共交通运输体系(含班车、列车和飞机)以及个人自驾的线路站点、班线时刻、换乘转乘、路径规划、实时路况、通行费用等方面的信息服务,实现了出行信息服务内容更加丰富、范围更加广泛、应用更加便捷的目标。

(2)杭州交通信息资源云平台。

该平台立足于交通信息资源整合共享、综合交通辅助决策和交通出行信息服务,主要基于杭州市政府电子政务云平台进行建设。由数据交换、交通 GIS 和网络通信等三个基础性平台和交通运输综合分析子系统、五位一体公交体系服务水平评价子系统、五位一体公交体系运行能力提升辅助决策子系统、公共交通仿真评估子系统、公众出行服务信息子系统等五个应用子系统组成。通过交通信息资源云平台的建设,实现了交通、交警、城管、铁路、民航等单位和公交、地铁、水上巴士、公共自行车、出租车等五位一体公交体系相关数据的接入和整合,包括高速公路流量、营运车辆 GPS、客运班车乘客流量、城市道路路况、城市道路公共停车记录、公交车 GPS、公共自行车租赁站可借可还数、地铁进出站客流、铁路客货运量、萧山机场旅客流量等。目前,每天从各相关单位交换至该平台的数据已超过 1.8 亿条。

(3)交通综合分析报告系统。

2014 年,在信息资源整合的基础上开发了交通综合分析报告系统,定期形成《杭州市综合交通运行报告》(分为月报、季报、年报以及专题报告等类型),汇聚了来自公路、港航、运管、公交、地铁、交警、城管等十余个交通相关管理部门的信息资源,通过对交通建设投资、城市交通、区域交通、交通基础设施等交通行业各领域的千余个数据指标变化情况进行跟踪监测,全方位、多角度地动态监测杭州市综合交通运输生产活动和运行态势。在此基础上,发布出租车、轨道交通、小客车调控等专题分析报告。

3)政府职能定位

杭州市综合交通信息中心承担公路、水路、规划、交警、城管、城市地铁、轨道交通、公交、民航、铁路等有关交通信息资源的集成、处理、研究工作。目前,杭州市交通运输局(杭州市综合交通信息中心)在信息资源互联共享方面,主要做好信息整合共享、信息资源开发、信息资源分析利用等工作。

政府发挥带动和先导作用,完成诸如搭建基础性平台、制定信息资源共享交换标准、建立共享交换机制、开发建设公益性的行业管理系统及信息服务系统等工作。同时,充分调动市场积极性。其中,最有效的方法就是在允许范围内,全面实施交通信息资源开放,最大限度地提高政府投资信息化的使用效益,解决信息孤岛问题。例如,杭州市交通运输局与阿里巴巴集团合作,通过对接交通信息资源云平台和阿里云计算平台,共同推动交通公共数据面向社会公众开放;通过云服务和大数据技术向科研机构、大专院校、互联网企业及其他研究开发团队等第三方开放杭州交通数据,从而吸引互联网力量对交通数据进行增值开发,并探索交通数据社会化高效应用。首批出租车原始 GPS 记录数据已同步至阿里云。

4)规章制度保障

2009 年,杭州市出台了《杭州交通信息资源共享管理办法》,内容涵盖交通数据标准建设、共享平台建设、交通信息采集、交通信息资源共享等方面,主要适用于交通系统内部各直属单位和部门。2014 年,立足于新的信息资源互联共享需求,杭州市交通运输局代拟了《杭州交通信息资源整合共享平台管理办法》,适用范围包括市属各交通管理相关单位和企业,如规划、交警、城管、公交、地铁等,目前尚未正式印发。

5.3.2 南京市——项目推动

南京交通主枢纽南站综合管理与信息服务试点工程于 2010 年 3 月启动开展建设,是以综合布线,应用、存储及交换等网络服务设备为基础,建设"一个中心、五大系统"多项应用系统为一体的信息化管理和服务体系的综合系统,与相关铁路、地铁、公交、出租、民航运输方式管理单位、行业管理部门及相关政府部门的信息系统互联互通和信息共享,为实现各种运力衔接与调配提供数据支持。同时,集成了视频监控、有线电视、内通电话、会议等子系统,运用了各类终端设备。该系统 2011 年 6 月正式投入运行,目前,系统运行良好。自开通之日起,累计发送旅客 2658 万余人次,最大旅客日发送量达 7.1 万人次,取得了良好的社会效益和经济效益。

根据南京南站的功能定位,信息需求按公众出行服务、企业经营管理和行业监管三条主线进行分析,所需信息资源来自公路、铁路、公交、出租、地铁、民航等各个相关部门。南京南站以站务管理、枢纽日常监控与联动支持、站内诱导与枢纽综合信息服务、安全疏散诱导与应急管理及综合运行分析需求为导向,对汽车客运站的基础数据库、业务数据库、主题数据库及交换数据库进行整体的资源规划和设计,为五大应用系统的运行提供基础数据支撑。

其中,基础数据库包括站务管理基础数据库、其他交通方式基础数据库、应急资源基础数据库,业务数据库包括智能站务管理信息系统数据库、枢纽日常检测数据库、站内诱导与枢纽综合信息服务数据库、安全疏散诱导与应急管理数据库;主题数据库包括综合运行分析主题数据库;交换数据库用于为多种交通运输方式和行业管理服务信息整合和业务协同提供数据支撑,是一种临时数据库,部署在汽车客运南站、地铁、铁路和交通局信息中心前置数据库。

5.3.3 连云港市——业务协同

连云港是交通运输部和原铁道部确定的全国六条铁水联运示范通道中首个开发运行铁

水联运信息系统的港口，平台重点应用服务范围已推广扩大到南京港和徐州港。为在多式联运领域加快推进落实铁水联运信息化，港口集团专门成立铁水联运项目联合工作组，积极加强和省级平台的对接工作，主动加强和上海铁路局等铁路方的合作，取得了积极的成效。

围绕业务流程优化加强信息资源整合。连云港依托港口集团组建连云港电子口岸发展有限公司，按照政府公共服务平台的定位，实行市场化运作。公司负责建设和运营连云港电子口岸公共信息平台，与港口集团下属通信公司形成业务互补、双轮驱动的发展格局。港口集团以港口、口岸、口岸业务为核心，发挥港口枢纽对信息资源的集聚作用，按照发展“大物流和大通关”的思路，利用现有的 EDI 平台，建成了检港联动信息平台，采用“一点接入”方式建立了共享共用窗口，构建了安全可靠的电子闸口监管模式，实现了电子放行管理；以优化业务流程为重点，在船舶联合申报系统应用方面取得新突破，实现了“一次录入、一单五报”。

围绕企业生产这条主线，针对铁路、港口及口岸物流企业的不同业务需求，分别开发了满足其个性化业务需求的多个应用系统。如铁路应用系统实现了港口有关铁路集疏运货物的车、船、货对铁路的透明化；港口应用系统实现了请求车电子化及货物的全程追踪；集装箱码头应用系统使码头能够动态掌握列车信息，提前准备人力、机械及场地，提升作业的计划性，降低车停时；货代应用系统实现了货票和船名、航次、提单号等海运信息的关联，列车到港前码头就可以提前做好场地规划，卸车时就可以直接把集装箱堆存在计划好的位置，减少转场及翻倒箱现象的发生，实现了货代装卸火车等委托的电子化，无需纸面单证，随时随地可以办理业务。

5.4　综合运输信息互联互通发展经验

5.4.1　主要问题

1）信息资源共享机制有待健全

总体来看，目前信息互联互通工作体制机制远不适应信息化、智能化发展的要求。交通与其他相关管理部门之间，例如民航、铁路、交警、旅游、建委等部门，未能建立起稳定的信息共享机制，互联互通主要靠自发自觉，在一定程度上也依赖人脉关系，相关部门之间缺乏充分交流和有效协调，距离高效、准确、完整的共享交换需求仍有较大差距。例如，由于部级层面缺乏与铁路局、民航局等的信息共享机制，铁路局只能与每个港口分别合作，实现部分数据的共享，既加大了铁路局的共享成本，也不利于整体信息资源的规划和利用；而机场信息一般由民航局统一管理，即使机场与当地交通部门有信息共享需求和意愿，也无法实现共享。此外，铁路和民航分别由铁路总公司和中航信两家公司统一进行数据管理，而公路、水路没有相关公司，只能通过政府与之对接。

2）信息交换共享理念和认识存在差异

技术方面的问题容易解决，而人的观念成为阻碍信息互联共享的最大障碍。由于部门利益的影响，许多部门和个人对信息共享存在错误的观念认识，缺乏国家投资获取的信息数据是国有资产的概念，把信息数据变成了部门、单位的财富。此外，工作习惯、领导方式等方面的差异，也对综合运输信息互联共享的推进产生一定阻力。

3）交通运输行业各领域信息发展水平不均衡

比照铁路、航空、地铁的信息化发展水平，传统的公路、水路、公交等信息化建设仍有很大发展空间,信息采集、网络传输、系统平台的建设都还不够完善,影响数据资源质量,给信息互联互通带来了一定的障碍。

4)行业协会没有发挥应有的作用

行业协会作为交通运输中介组织应当发挥的作用主要有:一是代表成员企业,向政府反映企业的要求;二是参与政府有关运输政策和法律法规的制定,并组织成员企业学习、宣传、贯彻、执行运输政策和法规;三是负责制定行业技术标准,提供技术、信息服务,进行咨询和组织培训;四是协调同行业经济利益关系。在综合运输信息互联互通方面,行业协会应当协助政府部门加强各种运输方式之间,以及运输行业同其他相关行业之间的横向联系,发展企业之间的合作,促进旅客、货物的联合运输。目前,交通运输行业协会尚未真正发挥以上作用。

5)各种运输方式间的信息需求不平衡

在四种运输方式中,公路、水路对铁路和民航的信息需求相对比铁路和民航对公路、水路的信息需求要多。尤其是航空运输,由于其独立性较强,公路和铁路对其存在较多的单向信息需求。

6)相关法律法规体系尚未建立

我国综合运输信息互联互通缺乏法律法规的有力保障,而美国的 ISTEA 法案,明确规定了交通数据信息系统建设的部门及其责任,为交通数据信息搜集给予充分的权限保障,也为综合运输信息互联互通提供资金保障,并强制综合运输数据库信息向公众开放。

7)共享信息的利用不够深入

在为公众出行提供便捷、全面、及时、综合的交通信息服务方面,仍有很大的提升空间;缺乏对现有资源的深层次利用和挖掘,尚未建立有效的服务决策模型,对于数据的深层次业务应用挖掘和决策分析还存在较大差距;受条线行业法规的限制,重要数据资源整合利用难度较大。

5.4.2 发展经验

1)领导重视

各级管理部门,特别是部门领导要充分重视交通信息资源互联共享这项工作的重要意义。落实责任、安排人员,最好成立省一级或市一级的领导小组,统一协调各相关单位。以浙江省为例,浙江省交通运输厅领导高度重视信息资源整合工作,由分管厅领导出任长三角信息资源共享科技示范工程项目负责人,推动综合运输信息互联互通工作不断深入。

2)合作共赢

在获取对方信息资源时,要考虑到对方需要哪些信息资源,自己能给对方提供哪些信息资源,这样容易得到对方的认可和支持,更能取得效果。

3)协议先行

通过一段时间协商,经双方认可后,应尽快签订合作框架协议等。后期具体工作推进过程中,可以以协议为依据,以免人走茶凉。

4)协调为主

技术方面一般都不会有太大问题,人的观念是阻碍共享的最大障碍。在工作推进过程中,由于工作习惯、领导方式等的差异,势必带来大量的协调工作。

5)发展模式

可选取的信息互联互通模式主要有三种:一是政府主导推动模式,即政府居主导地位,以信息公开为目的,推动综合运输信息互联互通,最终实现向社会公众公开或开放信息资源的共享模式;二是市场机制驱动模式,即基于信息资源的价值和使用价值,通过市场化的管理和经营手段实现信息互联互通;三是委托独立第三方,即鼓励或培育行业协会等非营利性组织,政府与之签订委托合同,委托其开展信息互联互通相关工作。

6)应用导向

信息资源在收集和共享过程中,必须得到应用和推广。这样,一方面有利于促进数据质量的提高,另一方面也可以更好地了解数据的应用价值。

7)信息获取

政府获取信息的方式主要有三种:一是政府直接购买数据,购买服务如果不成熟,可以通过开展项目建设的方式进行购买;二是各种运输方式间建立数据交换机制;三是政府提供数据,企业出资,成立合资公司,通过市场化运作实现数据共享。

8)资金保障

多渠道筹措资金,按照以服务促需求、以应用促建设的发展理念,将市场化运营模式引入交通信息化建设中。例如:“交通 · 杭州”手机应用软件等交通服务类 App 下载量超过 30 万次,有着很好的市场前景,可以运用市场化手段进一步完善推广。

第6章　综合运输信息互联互通策略分析

6.1　综合运输信息互联互通技术策略

6.1.1　明确互通需求

明确综合运输信息互联互通的具体需求是开展综合运输信息互联互通的关键。按照第四章的分析结果,综合运输信息互联互通需求主要体现在以下三个方面:

一是基础需求,即行业基础信息。这类信息的需求来自管理决策部门和业务部门,是为从整体上把握综合运输中各种运输方式的基础状况,同时便于各种运输方式的有效衔接。

二是核心需求,即交通运行信息、规划所需信息和安全应急信息。这类信息的需求是为行业决策、综合管理及应急指挥提供科学可靠的依据,也为加强各种运输方式间的业务协同创造良好条件。

三是扩展需求,即客运信息服务和货运信息服务。在对前两类信息进行整合共享的基础上,这类需求才有可能真正得到满足。进而实现提升客货运输信息服务水平,提高综合运输效率的目标。

6.1.2　编制共享目录

明确综合运输信息互联互通的需求后,需要针对需求的信息项,编制信息共享目录。随着我国交通运输现代化建设的进一步推进,各级政府的信息化系统已相继上线,为政府层面综合运输信息资源目录体系与交换体系的建立积累了大量技术、工程和管理上的经验。

目前,综合运输信息资源分布于各个部门,由不同的部门、机构按照其职能分别掌握和管理。因此,其存在和分布的形式是多部门、多行业、多地域的,具有存储分散、信息量大、搜寻难度大、增长快速等特点。由于这些特点,使得对这些信息资源的查找和共享在技术实现方面具有一定的难度。为解决综合运输各部门信息资源互联互通的技术障碍,迫切需要一种可分可合的工具来管理各类信息资源。国际上通常采用元数据技术和目录技术,对存储分散、种类繁多的信息资源进行统一描述,为信息资源提供检索和导航服务,这就是信息资源目录体系。

信息资源目录体系是利用目录技术、元数据技术及其他网络技术,构建一个统一的信息资源目录管理系统,使资源的利用者能够通过特定的服务接口查询资源目录。信息资源目录体系主要由数据资源目录服务系统组成,同时还要具备软硬件、网络支撑环境,以及标准与管理规范建设和安全保障。

目录服务系统通过编目、注册、发布、查询和维护实现对信息资源的发现和定位。编目是完成对公共资源核心元数据和交换服务核心元数据的编辑过程;注册是信息资源目录提供者向目录的管理者注册公共资源核心元数据和交换服务核心元数据的过程;发布是目录管理者通过目录管理器把信息资源公共资源核心元数据和交换服务核心元数据的内容发布到一站式服务系统的过程;查询是为应用系统提供标准的调用接口,支持对信息资源目录的查询。其工作模式如图 6-1 所示。

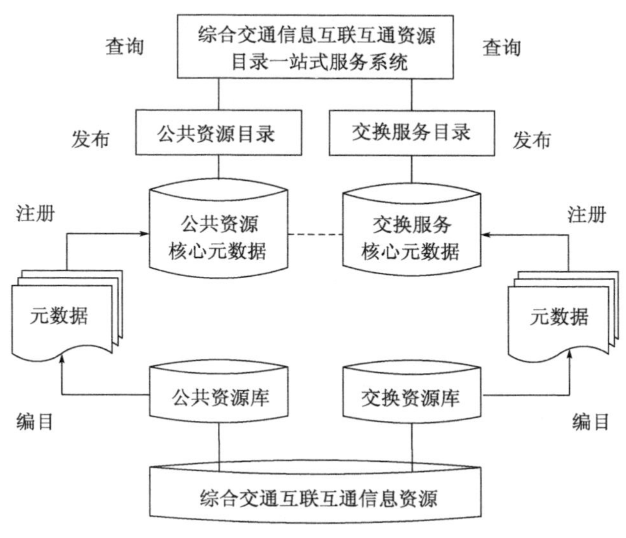

图 6-1　目录体系工作模型

目录体系建设已成为当今社会开发利用信息资源的基础条件,是信息资源共享的重要手段。因此,对综合运输信息资源目录体系的研究和建设具有重要的意义。它的建设目标是:实现多领域、大范围信息资源的共享和交换,完成综合运输各部门内信息的纵向汇聚和传递、部门间在线实时信息的横向交换,如图 6-2 所示。随着信息资源目录体系的逐渐完善,逐步实现综合运输信息资源的深度开发利用。

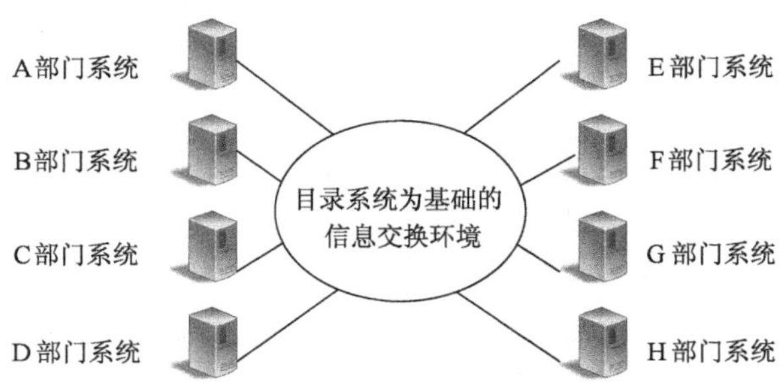

图 6-2　部门间信息资源共享模型

信息资源目录体系建成后,各部门依托部门业务系统建立公共资源库和交换资源库,提供者从中分别提取出公共资源和交换服务的特征信息进行编目,利用元数据实现对共享信息资源的有效管理和维护。信息的管理者,即目录服务中心通过元数据掌握各部门共享信息资源的数量、质量、分布等情况。用户通过查询系统能够快速、准确地发现、获取和使用共享的信息资源。

综合运输信息目录体系建设是实现综合运输信息资源共享的重要前提，对于加强信息资源的开发利用、推动政府转变职能、增强监管和服务能力、建设人民群众满意交通、推动“四个交通”发展都具有重要意义。

6.1.3 制定互通规范

我国于2007年9月正式发布了政务信息资源目录体系与交换体系国家标准，但由于国标要考虑全国普遍情况，仅对一些原则性和基础性的内容进行了描述，而对综合运输信息共享的发展无针对性指导意义。因此，需要在充分考虑国家标准的基础上，结合综合运输的实际情况，制定满足综合运输建设和管理要求的信息资源目录与交换系列规范，指导各部门建立信息资源目录和实现跨部门的信息交换。

前已述及的信息资源目录规范需确定各类目录资源的描述方法，对目录资源的注册管理以及服务的接口要求。通过描述方法规范的制订，统一系统中各类业务知识的表达语义和语法，从而支撑上层应用对业务知识的不断变更的动态管理需求；通过统一目录服务接口规范的制订，实现不同业务系统对业务知识的发布、检索需求；信息资源交换规范主要解决在复杂网络环境下，分布式、异构系统之间的信息交换问题，需提供包括交换桥接、交换前置、交换传输、交换管理等多种交换模式。

建议综合运输信息互通规范主要涉及的内容如下：

一是综合运输信息互通目录方案描述规范。目录方案是用于描述其他业务数据的数据。目录方案描述包括数据元、代码、分类、服务四个方面的内容，因为描述的对象不同，采用的描述方法也将不同。目录方案描述规范的确立使得制定业务标准时对于业务知识的表达有了方法和技术的支持。

二是综合运输信息互通代码描述规范。代码是数据描述中一个非常重要的内容。为了确保数据的质量，对于有代码标准的数据项要明确所采用的代码标准；对于没有代码标准的，因应用开发的需要也可以自行设计代码，最终都需形成面向特定领域的代码目录。代码描述规范的目标是确立一个规范的描述代码的方法，通过应用这个方法可以对系统中各类代码形成一个规范的、统一的代码目录，如质监业务代码目录。

三是综合运输信息互通数据元描述规范。交通运输行业已经颁布了交通信息基础数据元标准，但是主要针对公路和水路，涉及民航和铁路方面，还需要进一步梳理。因此，需要在交通信息基础数据元标准基础上进一步完善，以满足综合运输信息互通的要求。

四是综合运输信息互通数据类资源描述规范。数据类资源指的是结构化数据。同一部分结构化数据可以有不同的存储方式，关系数据库、电子表格、文本文件等都是典型的结构化数据存储方式；也可以有不同的展现方式，如报表、网页、文件等。但是这部分结构化数据的数据结构却是固定的。数据类资源描述规范所关注的就是与结构化数据存储方式和展现形式无关的数据结构。

五是综合运输信息互通服务类资源描述规范。服务类资源是综合运输政府各部门所提供的面向公众的跨部门共享类服务信息。服务类资源与其他种类资源的本质区别是它能向最终用户提供功能性的价值。政府面向企业、市民等提供的各类办理事项就属于服务类资源。另外,为了实现政府部门间的协作而发布的电子服务,例如 Web services,也属于服务类资源。

六是综合运输信息互通目录服务接口规范。一个完整的目录服务至少应包含下列服务:目录平台安全服务、策略主题管理服务、ebXML 注册服务、资源访问服务。目录库作为业务知识中心库需要为其他各类系统提供知识发布和检索的服务,外部系统的多样化要求目录服务接口必然是一个能够支持异构系统访问的接口。建议采用 Web Services 技术定义目录服务的相关接口。

七是综合运输信息互通传输系统技术规范。交换传输系统是供各交换参与方与交换中心系统之间的信息传输通道。我们常说的互联互通就是要通过这个系统来完成。它通过遵循相关网络及消息协议实现异构系统之间的互联。建议在遵循国家标准 GB/T 21062.2—2007《政务信息资源交换体系　第2部分　技术要求》的基础上制定消息的发送与接收互操作接口。

八是综合运输信息互通桥接系统技术规范。交换桥接系统是连接参与交换的业务系统的业务库或业务系统和交换前置系统的服务系统。对于业务库而言,桥接系统提供了数据的双向更新机制,同时还提供了在不改变业务库结构的基础上实现业务数据增量信息的识别功能;对于业务系统而言,桥接系统需要提供能够被前置系统调用的服务接口,这需要通过遵循一定的规范进行二次开发完成。建议在遵循《政务信息资源交换体系　第2部分　技术要求》的基础上制定桥接系统数据获取与存储的互操作协议接口。

九是综合运输信息互通前置系统技术规范。交换前置系统提供参与交换的系统与交换服务系统之间的双向交换服务,同时接收来自交换管理系统的管理。一方面,它及时发现来自桥接系统的交换数据,并将这些数据交换到交换中心系统;另一方面,它接收来自交换中心系统的数据,将它按照要求交给桥接系统,完成对业务库的更新。建议在遵循《政务信息资源交换体系　第2部分　技术要求》的基础上制定前置系统数据获取与存储的互操作协议接口。

十是综合运输信息互通管理系统技术规范。交换管理系统是实现对各个交换中心系统、交换前置系统的集中管理和监控功能。建议在遵循《政务信息资源交换体系　第2部分　技术要求》的基础上制定相关前置系统以及交换流程的管理与监控接口。

十一是综合运输信息互通数据格式规范。数据格式规范是实现在系统间交换的各类信息资源的规范化表示。数据格式规范定义了系统间基于消息机制进行数据交换时数据的表示格式。在国标已经定义的数据接口模型的基础上,数据格式规范应具有表达大量数据集合、非结构化数据文件以及多种格式数据的能力,同时增强交换数据的元数据信息。

6.1.4　选取互通策略

在互联互通策略上,主要有数据层面的互通、应用层面的互通和业务流程层面的互通三种不同层次的集成方案。

6.1.4.1　*数据层面的互通*

数据层面的互通主要解决综合运输不同应用和系统间的数据共享和交换需求,为各种应用、系统或服务提供具有完整性、一致性和安全性的数据访问、信息查询及决策支持服务。

数据层面的互通应在完成数据标准化的基础上进行,数据标准化过程应包括业务建模规范化、数据规范化和业务文档格式规范化。业务建模规范化是数据标准化的第一步。

数据标准化通过对现实业务流程进行分析,抽取出具有共性的业务模型和信息模型;然后根据业务模型和信息模型,提取数据元,形成数据元目录;最后根据数据元目录,设计出可在各业务信息系统间和各异构系统间交换和共享的、规范化的电子文档格式,实现各业务信息系统的语义互操作。数据层面的互通可采用以下四种模式:数据联邦、数据复制、共享数据库和基于接口的数据集成。

1)数据联邦

数据联邦是指不同应用共同访问一个全局虚拟数据库,通过全局虚拟数据库管理系统为不同的应用提供全局信息服务,实现不同应用和数据源之间的信息共享和数据交换。数据联邦技术能够统一访问任何信息存储中以任何格式(结构化的和非结构化的)表示的任何数字信息。数据联邦模式适用于对数据提取速度和实时性要求不高的数据集成应用环境,其实现过程如图6-3所示。

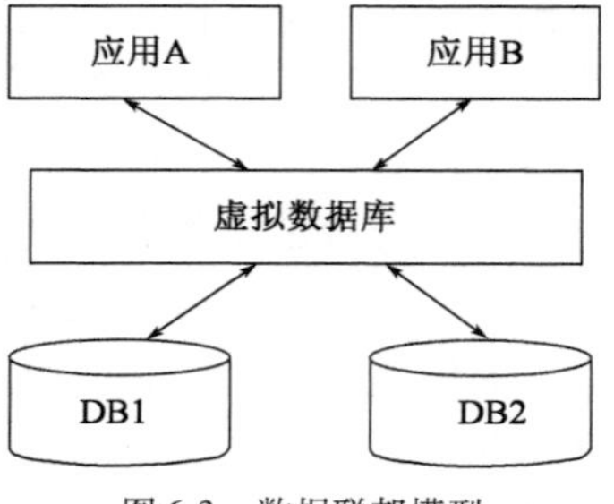

图6-3 数据联邦模型

2)数据复制

数据复制是从一个源系统中提取数据后对数据进行转换,并将数据传输导入到目标系统数据库中。在数据复制模式中,源系统和目标系统应完全自治,两者之间没有从属或控制关系。数据复制模式适用于对数据提取速度有一定要求,而对实时性要求不高的数据集成应用环境。数据复制的技术指标有以下几种要求:

(1)数据需实时:如果不是实时,那只能叫作数据库迁移,属于数据仓库ETL的范畴;

(2)数据需准确:对复制过去的数据必须经得起验证,保证数据准确无误;

(3)数据需可在线查询:如何知道数据已复制,必须提供查询手段保证实时在线查询;

(4)数据复制独立性:数据库复制软件不能安装在主库,特别是不能在主库上进行编译,否则对主库的应用系统将产生不可估量的影响;

(5)数据复制配置简单:具体指标包括数据库表过滤机制、不停机初始化、数据库用户过滤机制等,这些都需要简单配置可用;

(6)数据复制便于监控:必须提供数据复制的过程监控机制,保证数据复制可实时监控,以及数据复制过程和更改数据可审计。

3)共享数据库

数据共享的程度反映了综合运输信息化发展的水平,数据共享程度越高,信息发展水平越高。要实现数据共享,首先应建立一套统一的、法定的数据交换标准,规范数据格式,使用户尽可能采用规定的数据标准。

对于综合运输信息共享平台来说,建立共享数据库,用于存储和管理与业务信息系统共享的数据是信息化发展的必要过程。对于综合运输各运输方式下不同的应用系统,建立共享数据库可以将公共的数据信息提取和保存在统一的平台上,宏观上可以提供给交通运输主管部门作为行业运行分析与决策指标,微观上可以为各业务系统调用使用时提供最为全面和可靠的信息数据。

共享数据可统一存储在共享数据库中，由综合信息共享平台负责将共享数据库的数据发送给有关业务信息系统，也可由业务信息系统到共享数据库提取。该方式可避免多次点对点的直接交互，适用于业务信息系统安全等级要求较高、系统业务繁忙、交换数据量较大、实时性要求一般的情况，特别适用于一对多的交换方式。在数据共享过程中，必须保证数据的一致性与准确性，保证共享的数据是完整、实时和安全的。

当前利用云计算技术的共享模式是一种数据共享技术。基于云计算的信息资源共享系统的模型主要由服务层、管理中间件层和资源层三个层次构成。作为最底层的资源层包括了资源池层和物理资源层。一般不需要重新构建物理资源层，因为组成物理资源层的网络设备、存储设备、服务器、数据库已经有现成的，运用这些现成的资源即可。资源池层主要是整合信息系统的资源，使其变成类型相同的资源池，也就是把物理资源池里类型相同的资源整合成同构的资源池，包括软件资源池、存储资源池、计算资源池。最上层的服务层也被称作实现层，其提供访问、查询、注册、服务接口等功能，服务层为实现信息资源共享提供了平台。介于服务层和资源层之间的是管理中间件层，组成部分有安全管理、用户管理、任务管理和资源管理，其主要作用是管理云计算资源，并调度应用任务，以达到安全且高效的运行资源。实现信息系统资源共享离不开管理中间件层。目前，可以提供较好服务，且在交通运输行业有所应用的主要有阿里云和百度云。

由此可见，可以利用云计算技术，对传统的孤岛型、烟囱式系统进行整合，提高综合运输信息资源和网络系统的利用率，实现综合运输信息共享向专业化、集约化、规模化的可持续发展。

4）基于接口的数据集成

基于接口的数据集成模式利用适配器提供的应用编程接口实现不同系统的相互调用，应用适配器通过接口将业务信息从其所封装的具体应用系统中提取出来，进而实现不同应用系统之间业务数据的共享与交换。接口调用的方式可采用同步调用方法，也可采用基于消息中间件的异步方法来实现。基于接口的数据集成可满足各种应用系统对数据的实时性和一致性要求，该种模式适用于实现大量实时数据的共享。基于接口的数据集成技术主要包括：

（1）XML 技术：标准通用标记语言，定义了统一的数据集，无需中间件的翻译，简化了数据流程，节约了系统资源。

（2）SOAP 技术：是一种简单对象的访问协议，其主要设计目标是简单性和可扩展性。

（3）Web Service 技术：提供一种统一的数据调用服务，该服务由基于组件的应用程序和标准化信息格式构成。

6.1.4.2　*应用层面的互通*

应用层面的互通是指两个或多个信息系统根据业务逻辑的需要而进行的功能之间的相互调用和互操作，应在数据层面互通的基础上完成，并采用松散耦合的方式实现。参与应用集成的各个信息系统应按要求将本系统提供的业务接口进行封装和注册，供其他系统调用。应用集成包括适配器集成、消息集成、面板集成三种模式。

1)适配器集成模式

适配器集成模式是一种单向访问的点对点集成方式,适用于参与集成的应用系统较少的初级阶段。

2)消息集成模式

消息集成模式是一种通过信使(消息代理)来建立不同环境信息系统之间接口连接的集成模式。消息集成模式适用于存在较多信息系统交互需求的应用环境下。在消息集成模式中,系统之间的通信和数据交换应通过信使(消息代理)来实现,每个应用只需要建立与集成信使之间的接口连接,即可实现与所有通过集成信使相联的应用系统间的交互。

3)面板集成模式

面板集成模式是从应用交互实现的层面来描述客户端应用集成和服务器端应用集成的一种方法。集成面板通过对服务器端应用功能的抽象和简化,为客户端应用访问与调用服务器端应用提供一种简化的公共接口。面板集成模式可降低应用间交互的复杂性,降低客户端应用和服务器端应用之间的耦合度,适用于需要集成大量信息系统的共享平台建设需求。

6.1.4.3 业务流程层面的互通

业务流程层面的互通是指利用软件工具高效、实时地实现以业务流程为核心的数据、资源的共享和应用间的协同工作,将各个孤立的应用集成起来,形成一个协调的共享信息系统。业务流程集成可实现应用逻辑与过程逻辑的分离,过程建模与具体数据、功能的分离,可在不修改具体功能的情况下,通过修改过程模型来完成系统功能的改变,从而大大提高信息系统的灵活性和对需求变化的反应能力。业务流程集成的实现主要应包括三个方面的内容:过程建模、过程分析与优化、过程集成与运行。

1)过程建模

过程建模是过程分析与过程重组的重要基础,主要解决如何根据过程目标和系统约束条件将信息系统内的活动组织为适当的经营过程。过程建模应采用工作流技术来具体实现,要求过程模型不仅能够描述活动及各个活动之间的相互连接关系,而且应定义其他相关信息(如组织、资源、数据等),使过程模型可由计算机识别和执行。

2)过程分析与优化

实施业务流程集成需要对现有的业务流程进行分析,并在此基础上对流程进行重组与优化设计。应从整个流程的角度,从整体目标上来配置和协调组成流程的各个工作点间的关系。

3)过程集成与执行

在完成过程建模和过程重组与优化后,应采用工作流管理系统来实现各个环境管理业务在不同应用系统之间的自动流转,实现业务流程的过程集成与执行。过程集成与执行过程应在工作流引擎的支持下,集成已有的应用系统和开发所需要的部件化的应用系统,所开发的工作流管理系统应至少包括信息集成服务、过程实例管理、日志管理、系统管理等支撑功能,并支持分布式部署。

6.1.4.4 多种互通策略比较

上述各种互联互通技术策略的比较见表6-1。

综合运输信息互联互通不同互通技术策略的比较 表 6-1

互通技术策略		尺度	优 点	缺 点	具体技术选型	适用互通的场景
综合运输信息互通基础需求	数据层面互通	微观	较高的同步性和一致性。对需求的响应较快。对于行业一些关键的基础数据建议采用此模式	数据库可能需要频繁操作,安全性较差,需要较高的安全成本	主要是基于接口的数据集成,部分可以采用共享数据库模式	面向政府行业管理的综合运输信息系统
综合运输信息互通核心需求	应用层面互通	中观和宏观	接口一般已经预定义封装完毕;因此,外部应用较少涉及数据库底层操作,安全性较高	灵活性较差,需求可能经常变更	消息集成模式或者面板集成模式	面向政府如行业安全应急、决策支持的信息系统
综合运输信息互通扩展需求	业务流程层面互通	多尺度,根据需要	较高的灵活性,可以根据需要定制	需要较高的安全成本;应用之间彼此干扰较多	综合	面向市场和行业的综合运输信息服务系统

6.1.5 完善系统建设

根据第 4 章的需求分析结果,综合运输信息互联互通应用方面,主要有政府行业管理和安全应急、行业物流信息服务和公众出行信息服务等方面的需求。在政府行业管理和安全应急方面,主要由政府主导,但是由于体制机制原因,一直以来存在需求却无法突破;在行业物流信息服务和公众出行信息服务方面,主要由市场主导,政府即使想做也不能做,做了越位;而市场想做却不能做,不做又缺位。因此,无论政府的应用,还是面向行业和公众的应用,都没有形成有效的供应。

为了进一步推进综合运输信息互联互通应用层面的工作,本书结合公路水路“十二五”规划以及铁路、民航相关规划,提出了综合运输信息互联互通应用建议。具体如下:

1)互联互通应用——政府管理和安全应急

政府管理和安全应急互联互通应用,见表 6-2。

政府管理和安全应急互联互通应用 表 6-2

分 类	系 统 名 称	系 统 功 能	涉及的交通方式			
			公路	水路	铁路	民航
综合政务管理系统	行政许可网上服务系统	实现交通行政许可业务的网上受理、网上回复、结果网上公示、行政处罚公示等	√	√	√	√
	政务公开服务系统	规范管理工作流程,促进交通运输行政管理和执法行为统一、规范、公开、透明	√	√	√	√
	办公自动化系统	建立融信息处理、业务协同和知识管理于一体的办公应用系统	√	√		

续上表

分　类	系统名称	系统功能	涉及的交通方式			
			公路	水路	铁路	民航
交通指挥调度系统	交通运输网络监测调度系统	对交通运行状态进行及时监测，加强突发事件应急预警功能	√	√	√	
综合执法信息系统	路政执法、运政执法、规费征稽执法、水路运政执法、治超管理	执法过程全程监督，跨地区、跨部门之间的执法数据共享交换、业务协同管理和面向全社会的信息公开服务	√	√	√	√
综合经济运行监测和决策分析系统	交通运输统计信息系统	根据行业管理与决策需要开展运行分析与预警服务，对综合运输体系的运行状况进行监测和掌控，为政府科学决策提供支持	√	√	√	√
	交通综合运行分析系统					
交通建设与运输市场信用管理系统	交通建设市场信用信息管理系统	为社会提供从业企业、人员的资质和资格认证及信用信息查询服务，形成政府监管、企业自律、社会监督的信用管理和服务系统	√	√	√	√
	交通运输市场信用信息管理系统					
安全监管与应急处置信息系统	重点营运车辆和船舶监测监控系统	“两客一危”车辆监控	√			
		“四客一危”船舶监控		√		
		北斗导航系统终端监管应用	√	√		
	交通监测和预警信息系统	基础设施运行状态	√	√	√	
		气象环境的综合监测和预警				
		交通应急指挥视频联网监控系统	√	√	√	√
	养护管理信息系统	为日常养护和计划制订提供即时数据支持	√	√	√	
	交通运输应急信息系统	实现突发公共事件的及时接报、应急处置和信息的分发处理	√	√	√	

2）互联互通应用——行业物流信息服务

行业物流信息服务互联互通应用，见表6-3。

行业物流信息服务互联互通应用　　表6-3

分　类	系统名称	系统功能	涉及的交通方式			
			公路	水路	铁路	民航
行业物流信息服务系统	多式联运信息服务平台	提供集信息发布、电子商务、电子政务等多功能于一体的物流信息服务	√	√	√	√
	物流综合信息服务系统	提供政府公共信息、物流交易信息、物流保障信息、增值服务信息，加强跨区域物流信息交换与共享	√	√	√	√

3）互联互通应用——公众出行信息服务

公众出行信息服务互联互通应用，见表 6-4。

公众出行信息服务互联互通应用　　表 6-4

<table>
<tr><th rowspan="2">分　类</th><th rowspan="2">系统名称</th><th rowspan="2">系统功能</th><th colspan="4">涉及的交通方式</th></tr>
<tr><th>公路</th><th>水路</th><th>铁路</th><th>民航</th></tr>
<tr><td rowspan="11">公众出行信息服务系统</td><td rowspan="2">公众出行信息服务系统</td><td>出行线路规划系统</td><td rowspan="2">√</td><td rowspan="2">√</td><td rowspan="2">√</td><td rowspan="2">√</td></tr>
<tr><td>交通导航系统</td></tr>
<tr><td rowspan="2">客运联网售票系统</td><td>客运售票联网</td><td rowspan="2">√</td><td rowspan="2">√</td><td rowspan="2">√</td><td rowspan="2">√</td></tr>
<tr><td>电子客票</td></tr>
<tr><td rowspan="4">城市公共交通信息服务系统</td><td>动态停车诱导</td><td rowspan="4">√</td><td rowspan="4"></td><td rowspan="4"></td><td rowspan="4"></td></tr>
<tr><td>城市公交与轨道交通智能调与管理，公交线路、站点、换乘、车辆预计行驶时间和到达时间等信息发布等服务</td></tr>
<tr><td>出租汽车电召服务和智能调度中心</td></tr>
<tr><td>公交、出租车、地铁、轻轨等城市客运“一卡通”的电子支付和结算</td></tr>
<tr><td>综合客运枢纽信息服务系统</td><td>建立不同运输方式管理和运营信息的交换和共享平台，实现枢纽内轨道、公交、长途客运、火车、飞机、海运等不同交通方式的协同运转</td><td>√</td><td>√</td><td>√</td><td>√</td></tr>
<tr><td rowspan="2">电子不停车收费系统</td><td>高速公路电子收费</td><td>√</td><td></td><td></td><td></td></tr>
<tr><td>船舶过闸收费</td><td></td><td>√</td><td></td><td></td></tr>
</table>

6.1.6　优化推进次序

6.1.6.1　主体上分层次推进互联互通

根据第 4 章的需求分析结果，对于综合运输信息互联互通的需求来自决策支持、行业管理、安全应急以及运输物流和公众出行服务等方面。由于涉及不同层次的互联互通，需要从政府层面和市场层面进行区分。

总体上，决策支持、行业管理以及安全应急类型的信息互联互通应该在政府层面（主要在部级、部省之间以及省级层面）予以实现；而且互联互通的信息范围应该被严格界定，以用于决策支持和服务行业管理和安全应急为主；相应的生产经营类型的信息互通（包括货运物流信息互联互通以及客运信息互联互通）交由市场来完成，但是政府要做好引导和支持工作。

在推进主体方面，对于涉及运输物流服务和公众出行服务的综合运输信息互联互通，建议由省级层面负责推进，互联互通的信息范围具体可以交由市场决定。在具体的实施组织上，政府可牵头，也可交由第三方组织实施。部级层面涉及决策支持以及服务行业管理和安全应急的信息互联互通，可应省级层面的要求，在部省之间实现互联互通和共享共用。

6.1.6.2　内容上分重点推进互联互通

在推进综合运输信息互联互通过程中，涉及互联互通的信息可能比较多，但是不应一哄而上,应该分轻重缓急,逐步开展。

首先也是最为重要的,是用于决策支持和安全应急类的基础信息,包括交通基础设施信息、载运工具信息、运输企业信息以及安全应急资源信息等。当前交通运输大部门制已经落实到位,作为决策支持和应急管理的相关基础信息,应该作为基础条件,实现互联互通。推进这些信息的互联互通,可以提高决策的科学性,提高安全应急反应能力。这些信息的互联互通主要在部级层面予以实现,政府主导推进。

其次是行业管理信息,主要是行政许可和行政执法类信息,包括从业人员的资格、运输企业的资质以及市场信用信息。这些信息是行业日常管理的需要,推进这些信息的互联互通,可以进一步提升行业的管理能力,提高行政效率。这些信息的互联互通也是在部级层面予以实现,政府主导推进。

再次是相关的运营信息,包括载运工具的出发到达信息、班次信息等,主要是为行业企业和社会公众提供物流和出行的信息服务。推进这些信息的互联互通,可以进一步提高行业的运输效率和公众出行服务水平。这些信息的互联互通主要在省级层面甚至更低层面予以实现,也可以通过市场的方式予以解决。政府要做好相应的市场监管工作,保证信息的准确及时。政府以引导为主予以推进。

最后是其他信息,由综合运输相关的信息提供者和信息需求方按照市场的方式予以自行解决。尤其是一些面向行业中小型企业和公众的第三方、第四方物流平台或者出行信息服务平台。政府以倡导为主。

6.1.6.3 地理上分区域推进互联互通

随着国家区域经济一体化以及“一带一路”倡议的逐步实施,以珠三角、长三角以及京津冀区域为代表的区域内部综合运输的互联互通正在逐步实现。

珠三角区域综合运输互联互通主要以广州、深圳(香港)两大中心为核心布设综合客运系统。区域对外(国际)客运系统以航空为主,发挥香港国际航运中心优势,促进深港机场合作,加强优势互补,充分发挥深港机场对外门户枢纽、国际中转枢纽及华南地区航空枢纽的功能,同时提升广州国家枢纽机场的作用,承担华南地区国际中转机场的功能。区域对内(国内)客运系统形成发达的航空、高速铁路网络系统,与京津冀、长三角、西南地区建立密切的联系。支线机场特色化发展,形成与主线机场的密切联系与优势互补,区域内部客运系统主要依托国家铁路客运专线,建立多层次的珠三角城际轨道交通网络,加上已有的高速公路网络,加强两大核心城市对区域内的均衡辐射。区域货运交通系统特征是充分发挥海运优势,以香港、深圳、惠州等港为核心布设海运系统,提升南沙港的能力。此外,还发挥地理优势,加强海铁联运,提升航空货运能力。

长三角区域综合运输互联互通主要以上海为中心,以南京和杭州为两翼,15 个城市所组成,建立以上海为单核心,南京和杭州为次中心,苏州、无锡、宁波逐步发展成为新的增长极的“单核 + 多中心支撑”区域城镇体系。区域客运交通系统特征是以上海为核心布设综合客运系统。区域对外(国际)客运系统以航空为主,浦东机场主要面向国际、虹桥机场主要面向国内,充分发挥对外门户枢纽、国际中转枢纽及长三角地区航空枢纽的功能。区域对内(国内)客运系统形成发达的航空、高速铁路网络系统,与京津冀、珠三角、西南地区建立密切的联系。区域内部客运系统依托国家铁路客运专线,建立多层次的长三角城际轨道交通网络,加上已有的高速公路网络,加强上海对区域内的均衡辐射。区域货运交通系统特征是充分发挥海运优势,以上海洋山港、宁波港为核心布设海运系统,同时发挥地理优势,加强海铁联运,提升航空货运能力。

目前,京津冀区域综合运输互联互通工作随着京津冀区域一体化工作的推进正在快速推进。按照北京、天津、河北规划部门签订的《关于建立京津冀两市一省城乡规划协调机制框架协议》,三地交通将逐步实现全面大对接,区域立体化交通时代即将到来。未来京津冀交通一体化后,三地将形成一个“3 小时”交通经济圈,在 3 小时的车程内,城市间经济联系渐强,要素流动便捷;在半径 500 公里的区域中,共同构成京津冀都市圈。预计到 2020 年,京、津、石三个城市相互间均有 3 条高速路线连接,环京津周边县(市、区)与京津之间至少有 1 条一级公路连接。与京津高速公路对接口分别达到 14 个、15 个。实现京津及河北各设区市有 2 条以上高速公路直达津冀港口群,基本实现货物运输的“无缝衔接”和旅客运输的“零距离换乘”,实现京津冀港口群一体化发展和机场群协同发展。基本建成智能化交通管理平台,实现京津冀交通管理平台一体化发展。基本形成便捷交通运输服务体系,客运形成 2 小时交通圈。河北环京津地区各设区市与北京、天津之间 1 小时通达,主要相邻城市间 1 小时通达,货运形成 12 小时通达圈。

未来,综合运输信息的互联互通需配合国家区域经济发展战略,在珠三角、长三角以及京津冀区域尽快实施。同时,配合国家的丝绸之路经济带和长江经济带战略,促进“两带”沿途区域综合运输信息的互联互通,进一步提升这些区域的综合运输服务水平。

6.1.6.4　时间上分阶段推进互联互通

由于综合运输信息互联互通涉及多种运输方式,不同运输方式信息化的发展基础不一样,体制机制未建立,技术标准不统一,在推进时除了分层次、分重点、分区域外,还要在时间上分阶段推进。本书建议,至少分为三个阶段:

第一阶段:应用示范阶段,实现重点信息资源互联互通。依托应用示范工程或者部级层面重要的信息系统建设,逐步实现综合运输在基础信息资源、安全应急信息资源以及部分行政执法信息在部级层面的互联互通。同时,依托市场手段,探索省级层面在物流服务和出行服务信息的互联互通。应用示范区域选择建议为长三角、珠三角以及京津冀区域逐步开展。建议开展时间为“十三五”上半期。

第二阶段:总结提升阶段,制定互通标准,建立体制机制。依托应用示范建设,总结梳理相关成果经验。建议开展时间为“十三五”下半期。

第三阶段:全面推进阶段,实现多领域多区域互联互通。建议“十四五”期间全面展开。

6.2　综合运输信息互联互通体制机制策略

袁琳[42]等对跨部门政府信息资源共享机制进行了深入研究,对综合运输信息互联互通体制机制的建立具有很好的借鉴作用。传统的观点认为,要把政府之间、上下左右之间独立的系统连接起来,并不是一件容易的事情。系统上线运行之前,原本就没有一个整体协调的战略方案,没有考虑到技术上的兼容性,也没有考虑软件的通用程度。往往是同一个数据,不同的政府部门会用不同的编码去描述,数据库系统的分类和功能也不尽相同,有些连基本的应用平台和环境都不统一。但技术问题并不是不可逾越的。不少政府部门过分夸大技术上的客观原因，成为抵制互联互通的借口。实际上，更多的困扰往往是在技术问题得到解决之后，互联互通仍然可望而不可及。比如在金关工程中，虽然投入了大量资金，解决了数据库相接、信息编码等技术问题，但信息仍不能有效流通。因此，技术与标准是阻碍互联互通的一个原因，但绝对不是最根本原因。到底什么是导致互联互通不成功的真正原因？研究表明，比技术更重要的是体制原因。

6.2.1 跨部门政府信息互联互通动机、障碍及实现机制分析

6.2.1.1 跨部门政府信息互联互通动机分析

动机是驱使人或组织从事各种活动的原因所在，可分为内部动机和外部动机两种类型。内部动机是指由个体的内在需要所引起的动机，外部动机是指个体在外界的要求或压力的作用下所产生的动机。

对于跨部门政府信息互联互通，从公共管理的研究视角来看，作为管理主体的政府部门及其公务人员都是核心的利益主体，它们在进行社会公共事务管理以及政府内部管理的过程中，政府利益是其行为的内在动力，政府利益的扭曲以及错位往往是导致政府行为失范的根本原因。而跨部门政府信息互联互通作为国家推动电子政务建设、提高行政效率、降低行政成本、促进政府决策、提高公共服务能力的关键环节，是一种典型的政府行为。因此，按照公共行政管理理论，政府利益是影响跨部门政府信息互联互通行为的内在动力，追求利益的最大化是跨部门政府信息互联互通的重要动机。

利益是法学中的一个基本范畴，是在客观规律的制约下满足人类生存和发展的需要所必备的资源和条件；组织作为人类一定群体的集合，为维持自身的正常运行以及发展也需要必备的资源和条件。因此，利益是个人和组织行为的强大驱动力。政府作为一个特殊的组织，其公权力来源于人民的授权，所以长期以来政府部门被认为是社会公共利益的代表，政府部门利益即社会公共利益。但是，政府的行政实践表明，政府部门的利益并不局限于社会公共利益本身，而是有着更为复杂的利益结构关系，存在多个利益相关者。

利益相关者是参与某个组织，达成共同目标的各个合作方。但并非所有利益相关者对所有问题都能保持一致意见，其中一些群体要比另一些群体的影响力更大，这些利益主体分别代表哪个集团的利益，他们是积极推进目标还是消极阻碍变革，成为能否实现目标的关键。跨部门政府信息互联互通是由各个政府部门参与的共同任务，按照利益相关者理论，实现这个任务需要详细分析各个参与方的利益得失，确定合理的执行策略和激励机制。目前，政府根据职能和权力划分成若干部门，其中有一些利用其管理社会事务的权威，搜集与本部门相关的经济信息，作为部门独占的基本资源。阻碍政府信息互联互通的根本原因是政府管理体制，各级政府部门存在局部利益问题，一些部门将职权范围内产生的信息视为部门的垄断资源。因此，在梳理成本收益的基础上，对各个相关部门进行分析，得出各部门在面对信息资源共享时可能采取的三种策略，即主动推进、跟随配合和拒绝参加。

国内外学者对于政府部门利益进行了大量研究，主要分为四种观点。第一种观点认为政府作为公共性组织，代表人民利益，且公务人员是作为人民的公仆存在，因此政府利益就是社会公共利益。第二种观点认为政府在代表社会公共利益的同时也有其自身利益，包括政府公务人员利益和政府部门利益，并都有合理利益以及过度膨胀利益的两面性。第三种观点认为政府部门具有经济人和公利人双重角色，既是国家整体利益的一部分，又作为具有

特殊利益的小团体而对政府整体公共性利益加以排斥。第四种观点认为政府公务人员的行为完全是以自利性为导向。

相对于其他观点，本书较为认可第三种观点，即在跨部门政府信息互联互通和行为中，政府部门的利益可分为两大类：一是作为其存在基础的社会公共利益，即政府部门在进行信息资源共享的过程中，通过技术、设备、人力、财力的共建，最终实现信息资源的充分利用，满足社会需求；二是其作为“经济人”所追求的自身利益，即建立在社会公共利益基础上，基于其职能的需要，通过职权获得信息拥有权，从而实现的物质利益和精神利益的总和。其中，按照利益的主体进行划分，部门自身利益可以分为部门利益和个人利益。按照利益的内容进行划分，部门自身利益可以分为政治利益和经济利益。政治利益是指主体通过对信息资源的拥有而在政治领域或者政治市场中获得的权力、权利、地位、荣誉、声望等。经济利益是指主体利用信息资源的经济性特征，在经济领域对稀缺信息资源的占有，对工资、福利等物质的追求。按照利益的法定性进行划分，部门自身利益可以分为合理需求和失常(不合理)需求。合理需求是指政府部门在信息资源的建设、共享过程中会产生一定的成本，而对这些成本进行合理补偿是维持和保障其自身生存需要并实现自身发展的基本需求；失常(不合理)需求是指政府部门藐视公共利益，利用公权力垄断信息以追求自身过渡膨胀的需求。

按照社会公共行政管理理论，政府利益是影响跨部门政府信息互联互通行为的内在因素，追求利益的最大化是跨部门政府信息互联互通的动机之所在，即政府部门通过权衡信息共享对社会公共利益、政府部门利益以及个人利益的影响，来判断如何能使部门利益最大化。其中，实现社会公共利益的要求是跨部门政府信息互联互通的主要外在动机，对部门利益以及个人利益的追求是跨部门政府信息互联互通的重要内在动机。

1)社会公共利益

政府信息化的建设一方面是在信息技术的发展和不断应用中得以推进，另一方面也是为了应对社会对政府越来越高的要求。实现跨部门政府信息互联互通，从根本上来说是为了改善政府的绩效、提高公共服务能力。因此，作为公权力代表的政府部门，满足社会公共利益的需求是其实现信息资源互联互通的主要外在动机。

第一，政府决策的优化必须以信息资源的有效整合为前提。行政决策是政府管理的前提和基础，是一项事关全局的政府行为，其科学与否主要取决于政府信息资源的及时性、全面性和准确性。政府在行政决策上经常出现这样或那样的问题，根本原因之一就是对政府信息资源的获取不够及时、准确和全面。实行跨部门政府信息互联互通，可以从根本上改变政府信息资源采集、处理、传递中的分散、片面、失真、滞后等状况，使行政决策变得更加精细。

第二，政府的高效行政必须以信息资源的有效整合为指导。传统的政府管理活动中，一项决策的执行常常涉及许多政府部门，需要它们的配合与协作，往往流程较长。跨部门政府信息互联互通可以使相关政府部门就决策的执行进行联系和组织动员，就执行中的问题迅速协调及反馈。

第三，削减行政成本以减轻国家财政负担要求政府部门必须进行合理的分工及信息资源的共享。在传统的政府组织结构中，政府组织层次多，机构和人员膨胀严重，高额的办公费用给国家财政带来沉重负担。实行跨部门政府信息互联互通,不仅可以使政府部门能有效利用内外资源提高包括信息资源在内的各种资源的利用效率,而且还可以促使政府实现跨部门、跨地区的连线办公与公文无纸化传输,从而节省费用。

第四,“一窗式”或“一站式”新公共服务理念的实践必须以跨部门政府信息互联互通为基础。在传统的政务模式中,部门之间较为独立,在对公众提供服务时也是独立进行的,导致公众要通过多个渠道与多个政府部门进行交流,效率低下。为应对便民式新公共服务理念的要求,政府部门必须通过业务流程整合、信息资源共享,才有可能实现“一站式”服务,提高公共服务能力。

第五,政府监督机制的完善以跨部门政府信息互联互通为保障。行政监督分为外部监督和内部监督。外部监督主要是公众及媒体的监督,通过信息公开得以实现;内部监督主要是指政府部门之间的监督,通过部门工作报告、视察等实现。传统政府体制下,由于政府信息资源很大程度上由政府部门垄断,部门之间的信息不对称严重影响了政府内部监督的客观性。但是,跨部门政府信息互联互通则为部门间的监督提供了更加有利的条件和手段,可促进政府部门提高行政效能并且遏制腐败现象的产生,提高政府行为的公正性、廉洁性及自律性。

2)部门利益

政府部门在履行公共管理职责、作为代理人维护公共利益的同时,也具有一般组织的某些特性,即对用于维持生存、保障运作、实现发展的资源的追求。政府部门在信息资源共享的过程中投入产出比,即政府部门的利益,是驱使其进行共享或规避共享的内在动机。从合理的经济利益出发,进行跨部门政府信息互联互通时,信息需求方和信息提供方有着不同的考量。

从信息需求方角度观察,跨部门政府信息互联互通的有效实现可以促使其行政成本的降低或行政收益的增加。在按照条块进行分割的政府部门结构中,政府组织结构是由纵向层级制和横向职能制组成的二维模式,政府部门之间的职能存在一定程度的交叉和重叠,在处理业务的过程中,部门之间会有相似的信息需求或信息产出。因此,跨部门的信息资源如果能够得到有效共享,将避免信息的重复采集和建设,从而降低信息需求部门的行政成本、提高工作效率,这为跨部门政府信息互联互通提供了可能。

从信息提供方角度分析,跨部门政府信息互联互通的实现有可能导致其行政成本的增加或行政收益的降低。在国内外电子政务发展的现有水平下,政府部门往往存在数据标准不统一、各部门系统不连通、信息安全机制缺乏等客观问题,信息提供方在信息资源共享的过程中可能会由于共享而导致额外的人力、物力、财力的投入,从而导致信息提供方规避共享。

从合理的政治利益出发,信息共享在降低部门成本、提高工作效率、提升公共服务能力的同时,部门的公权力会得到政府内部及公民的肯定,从而在政治领域获得相应的权力、权利、地位、荣誉、声望等。从失常政治利益角度出发,一些政府部门为了追求权力的最大化,通过立法强化自身的信息权力范围、推卸信息共享责任。从失常的经济利益角度出发,一些政府部门利用其信息垄断地位,通过信息寻租可以谋取很大的私利。例如,公安部门利用其收集到的人口相关信息,可以为电信公司提供人口信息查询服务,并以此收取一定的费用,扩大其经济收入。而一旦这些信息被其他部门共享了,公安部门将失去此类信息特权而使其直接经济利益受损。

3)个人利益

由于政府部门的利益最终是通过政府部门公务人员进行推动的,因此个人利益是信息共享行为直接动机之所在。所谓个人利益主要是指政府部门官员及普通公务人员的利益。其中,由于我国行政体制采用首长负责制,因此,政府部门官员的利益权重因子最大,从某种程度上来说直接等同于部门利益。对于部门官员而言,其首先有作为其"经济人"特性的物质利益追求,但是另一方面,政治利益对其进行信息资源共享行为更具影响力。随着对官僚制研究的深入,官员行为存在着官僚自主性、信息不对称性和预算扩大化倾向。其中,官员自主性既可能是由于官员对其个人利益追求的结果,也是政治过程中信息不对称的必然产物。为了追求个人利益,官员有预算最大化倾向。因为预算越大,机构也就越大,其权利也就越大,控制的资源也就越多。而在政治过程中,作为政治代理人的官员具有明显的信息优势。对于普通公务人员而言,关心更多的是其经济利益能否得到满足,即工作与回报在物质表现上是否成正比。

6.2.1.2 *跨部门政府信息互联互通障碍分析*

以上通过对跨部门政府信息互联互通的动机分析,发现社会公共利益的外在需求以及政府部门自身或部门公务人员自身发展的某些需求,都能在一定程度上推动共享的实现。但是实践表明,动机由于某些阻碍因子的存在而无法顺利转换为驱动力。

1)部门利益与公共利益的冲突

目前,政府部门在进行信息资源共享的决策过程中,普遍存在公共利益部门化、部门利益个人化的问题,即社会公共利益、政府部门利益以及个人利益存在冲突,主要表现在以下几个方面:

(1)基于公共利益的监督机制完善与部门追求失常利益之间的矛盾。监督的目的在于形成公正透明的政府,它要求将法定保密范围以外的信息进行公开或共享。但是在实际的行政过程中,部门可能会产生一些不利于其自身发展的信息,如违法收费等,倘若这些信息被其他部门共享,将严重伤害该部门的利益。因此,为了维护部门利益,政府部门会拒绝此类信息的共享,违背公共利益的监督。

(2)基于公共利益的财政支出削减需求与部门追求预算最大化之间的矛盾。跨部门的政府信息资源共享可以从整体上削减政府的行政成本,减轻公共财政的负担。但是,对于各个政府部门而言,其具有追求预算最大化的特质,这在一定程度上可以说是不可调和的矛盾。

(3)基于公共利益的业务流程优化与部门信息权力之间的矛盾。作为政府部门的重要资源之一,信息资源的流动在一定程度上代表着权力的流动。业务流程优化的核心在于对关键业务流程的诊断,这使得原先可以利用一定的核心信息保持独立地位的部门丧失了信息权力。因此,部门在进行信息共享时有着天然的排斥性。

(4)基于公共利益的组织精简需求与部门追求政治权利之间的矛盾。组织结构的精简、职能的再造从整体上可以加强政府的行政效率、反应能力,但是在这过程中必然要牺牲某些利益集团,被精简或取消的部门为维持其权利必然会坚决反对。

2）社会公共利益顶层设计的缺乏

跨部门政府信息资源的有效共享对于促进社会公共利益的实现意义重大，各国政府虽然大力提倡，但是由于利益结构复杂，缺乏基于顶层设计的全局规划，主要表现在以下几个方面：

（1）跨部门政府信息互联互通立法的缺失。主要包括跨部门政府信息互联互通的推动机制、监督机制、仲裁机制、救济机制、运行维护机制等方面缺少相关法规和管理制度，或者原有的法规已不适应现在的情况，造成信息共享无法可依。

（2）信息共享组织保障的缺失。信息共享说的较多，而落到实处的措施较少，跨部门政府信息互联互通的责任主体、监督机构、仲裁机构、救济渠道、运行维护主体缺失。

（3）标准规范不统一，投入与效益比低下。由于缺乏统一的规划和管理，政府各部门业务系统相互独立，信息资源多头采集、重复建设、浪费巨大。

3）部门合理利益未得到有效的保障

部门合理利益即信息提供方的合理利益。这里存在一个成本利益分析的问题。信息提供方的成本利益是指信息提供方在面对其他部门提出的信息共享需求时，分别采取垄断信息和共享信息两种做法而形成的部门成本和收益的差异。部门成本是指分别采用两种做法时，该部门的信息采集、存储、加工、传递、服务所需的费用；部门收益包括社会收益和经济收益，其中社会收益包括该部门分别采用两种做法的管理效率收益和服务效率收益，经济收益包括该部门分别采用两种做法的信息寻租收益。对于信息提供方来说，如果成本利益分析无法达到一个合适的平衡点，将导致信息互联互通无法有效实施。因此，如何对信息提供方的贡献进行经济上的合理补偿、政治上的合理肯定意义重大。而目前在政府部门信息资源共享中尚不存在有效交换机制，也未形成社会公共利益到部门合理利益的有效转化途径。

目前，政府部门间的信息资源共享主要通过两种途径实现：一种是基于行政权威，由上级强制共享，如基础信息共享、主题共享等。但是，这类共享严重忽略了信息共享主体的核心地位，它们在信息收集、整理、开发的过程中承担了相应的成本，如果不对这部分成本进行补偿，必然会使共享积极性日渐消退。另一种是政府部门间由于部门业务的相关性而自发进行的协议式共享，即由需求方提出需求、供给方提供信息的共享方式。在此类共享中，供给双方可以看作是平等的交易主体，通过协议进行共享。但是，由于政府信息资源的公共性特征，此类共享又不完全等同于市场主体行为，因此需要设计合理的交易机制保障供给双方的合理利益，从而促进政府部门间信息资源共享行为的成立。

此外，政府部门间的信息资源共享可能会导致部门公务人员的额外工作量，如协调、沟通、按需求整理信息等，目前由于缺乏相应的考核机制评价这类工作，无法对工作人员的劳动进行合理的补偿而降低其工作积极性，导致共享效能不足。

4）部门失常利益未得到有效的控制

目前，政府部门凭借其占有和分配的信息资源参与社会利益的分配，从而获得大量的政治利益和经济利益。信息寻租作为很多政府部门的典型行为，无法得到有效的控制。如果进行政府部门间的信息资源共享，那么利用信息垄断获取既得失常利益的部门为维护其部门利益，便会自然地对共享产生排斥。

当前，各国政府虽然大刀阔斧地由上至下进行政府改革，但是部门在具体的执行过程中仍然可以采取“上有政策、下有对策”的做法，当具体政策不利于既得失常利益时，则利用法律的缺失或漏洞拖延推诿共享的执行。

6.2.1.3　跨部门政府信息互联互通实现机制分析

跨部门政府信息互联互通实现机制包括政府主导、市场运营、第三部门运营和多元主体合作供给四种，如表6-5所示。

跨部门政府信息互联互通实现机制　　表6-5

<table>
<tr><th>序　号</th><th>类　型</th><th colspan="2">实 现 方 式</th></tr>
<tr><td>1</td><td>政府（交通部门）主导机制</td><td colspan="2">（1）公办公营方式；
（2）公办商营方式；
（3）专利经营方式</td></tr>
<tr><td>2</td><td>市场（私营部门）运营机制</td><td colspan="2">（1）专业化运营机制；
（2）股份制运营机制；
（3）委托代理运营机制</td></tr>
<tr><td rowspan="2">3</td><td rowspan="2">第三部门（非营利性组织）运行机制</td><td>（1）委托模式</td><td>①授权合作；
②合同项目式委托；
③其他委托方式</td></tr>
<tr><td colspan="2">（2）替代模式</td></tr>
<tr><td>4</td><td>多元主体合作供给机制</td><td colspan="2">合作方式：企业慈善、企业基金会、善因营销、活动赞助、许可证协议、共同主题推广、联合经营等</td></tr>
</table>

1）政府（交通部门）主导机制

交通信息公共服务是现代社会的特殊公共物品，它的供给没有成功模式可以直接拿来运用，但是专家学者对公共物品供给模式的研究相当成熟，政府也在不断探索公共物品高效供给的模式，例如香港政府在公共物品供给方面取得较大成功。香港政府采取的方式是对特殊公共物品的生产提供每年金额高达十几亿港元的财政补贴。为解决用水问题，1989年，香港政府批准预缴15.8亿港元东江水费给广东省用于东江供水工程，而因此损失10多亿港元的利息。显而易见，这一净赔的产品供给，离开公营是不可能实现的。同理，交通信息公共服务的前期供给离开政府的支持，很难形成供给体系。

目前，政府[1]主导机制主要包括公办公营、公办商营和专利经营三种方式，具体做法及各自优势如表6-6所示。

交通信息公共服务供给政府主导方式对比分析表　　表6-6

政府主导方式	具 体 做 法	优　势
公办公营方式	政府通过直接开办、控制、经营机构或企业供给交通信息公共服务	政府根据财力和实际需要统筹安排

[1] 政府代指交通部门。

续上表

政府主导方式	具体做法	优势
公办商营方式	由政府先搭建起服务平台,逐步引导或者诱导市场进入,政府可控制全部或部分股权,由法人集团以商业形式供给交通信息服务并自负盈亏。在交通信息公共服务的发展初期: (1)政府可以通过BOT方式(建设—经营—转让)、BOOT方式(建设—拥有—经营—转让)、BOO方式(建设—拥有—经营)等多种形式引导私营部门进入; (2)政府还可透过政策优惠,授权经营,资金资助如税收优惠、直接投资、财政补贴等方式诱导私营部门参与交通信息公共服务的供给	(1)政府先将平台搭建起来,然后让位于市场,这样市场的竞争机制、激励机制会推动交通信息快速发展; (2)政府可以尽早收回成本,高效解决后期投资问题,将投资风险降低,而且还能从中获得股息增加财政收入; (3)能便于政府及时监督市场及时纠偏
专利经营方式	市场(私营部门)在政府的监督下,通过投标的方式获得交通信息公共服务的专利经营权,专门负责经营交通信息公共服务	(1)私营部门在利益的驱动下会不断更新技术改善基础设施,提高公共效益,降低供给成本,让出行者获得更优质的信息服务; (2)政府能够有效控制私营部门的获利空间,通过控制交通信息公共服务的价格来确保公众利益; (3)减轻交通部门提供交通信息服务的资金压力

以上三种方式的运用主要取决于政府对交通信息公共服务供给平台的搭建。一方面,政府要引导多方主体的参与,增加多种融资渠道,实现公共利益最大化;另一方面,政府还要培育交通信息公共服务供给市场,在扶植市场的同时还要紧跟法律规制的制定。并且在供给初期,政府要对交通信息公共服务的市场价格和服务质量进行行政干预。此外,政府可以通过竞争招标、合同承包、特许授权等方式引导社会各界参与,扩大市场,形成竞争有序、多方供给的格局。

2)市场(私营部门)运营机制

市场运营机制是指在市场运营过程中,市场的供给方(中间商)和市场的需求方(个体或团体消费者)之间基于利益考虑的相互联系、相互作用、相互约束的内在机理,是在调节商品市场运营过程中自发产生的一系列功能。交通信息公共服务的供给在政府的主导下,前期基本供给体系建成后,政府的供给模式也将日趋成熟。此时,政府该扮演另一种角色,即服务者,主要作用在于培育市场参与交通信息公共服务的供给。

在交通信息公共服务的前期供给中,政府可通过BOT方式(建设—经营—转让)、BOOT方式(建设—拥有—经营—转让)、BOO方式(建设—拥有—经营)等形式向市场(私营部门)发出邀请,并积极引导私营部门进入交通信息公共服务的供给。市场可通过专业化运营、股份制运营以及委托代理运营等机制实现交通信息公共服务的供给。

(1)专业化运营机制

市场(私营部门)可以通过参与竞标、与政府签订合作协议、特许经营等方式参与交通信息公共服务的供给。当私营部门获得提供交通信息公共服务的权力时,可成立专门供给交通信息公共服务的公司,但不直接参与面向公众的交通信息公共服务的供给。它主要在于向市场开放各项供给交通信息公共服务设施的使用权,面向公众的交通信息公共服务供给方和信息需求者可以使用这些设施获取交通信息,并以市场价格向设施所有权的拥有者交纳租金。

(2)股份制运营机制

股份制运营机制关键在于利益分配。其他组织可以土地、资金、技术等生产要素入股,与获得参与交通信息公共服务供给权的市场(私营部门)结成股份公司,以企业模式运作,实行按股分红,并遵从按要素分配的原则。在约束机制上,以我国出台的《公司法》《合同法》等法律法规为约束准则。此方法可以弥补拥有交通信息公共服务供给权的私营部门的资源不足,还可以通过此种方式整合各种资源优势,扩大企业规模,增强发展实力。

(3)委托代理运营机制

获得参与交通信息公共服务供给权的市场(私营部门)可以通过委托代理运营的方式实现供给。委托代理运营机制的主要特点在于:拥有参与交通信息公共服务供给权的私营部门不直接参与交通信息公共服务的交割,而是通过与交通信息代理商或代理机构签订契约,委托其代为进行交通信息公共服务的供给。委托人与代理人之间的约束机制是双方签订的委托代理合同和保证金制度。此方式可以降低拥有参与交通信息公共服务供给权的私营部门在交通信息公共服务供给中的技术、资金等方面的劣势,积极调动拥有供给交通信息公共服务优势的私营部门参与供给。

市场经济的运营机制始终围绕着价格、供需和竞争进行运作。交通信息公共服务的供给权限向市场(私营部门)开放,必定要遵循市场经济运行机制。因此,交通信息公共服务市场(私营部门)的供给主要通过专业化公司、股份制、委托代理等运营机制实现。

3)第三部门(非营利性组织)运行机制

在交通信息公共服务的供给过程中,政府主要强调的是宏观调控,第三部门❶的非营利性特点以及具备的公共价值观念,可以替代交通部门解决一部分交通信息公共服务的供给问题。经过职能转变的政府也允许和鼓励第三部门通过委托模式或替代模式参与到交通信息公共服务的供给领域中。

(1)委托模式

政府通过合同或者协议等形式委托第三部门提供交通信息公共服务。从本质上讲,授权委托在一定程度上可以理解为政府将社会服务与管理的权限通过参与或民主的方式下放给第三部门,让他们自我服务、自我管理,激发他们的创新精神[43]。政府通过授权委托,将交通信息公共服务的权限下放给第三部门,第三部门可以创造性的自我发展,为公众提供信息服务。政府要实现将交通信息公共服务的供给委托给第三部门,关键要处理好委托的方式、手段和途径等事项。政府实现这一委托的方式有三种:授权合作式委托、合同项目式委

❶ 第三部门代指非营利性组织。

托、其他委托方式。

①授权合作式委托

政府可以主动与第三部门合作供给交通信息公共服务。交通部门只需将采集到的交通信息传递给第三部门,而无须考虑具体的供给方式,此方式由第三部门自行决定。如此,二者便能有效分工合作,第三部门只需考虑如何高效地向公众供给交通信息的问题,而交通部门主要负责为第三部门采集交通信息以及财力支持。通过合作,交通部门既可以减轻职责负担,还可以与第三部门优势互补。

从西方发达国家的发展规律看,社会越进步,政府的作用就越偏向于宏观调控,而具体执行将交给市场(私营部门)和第三部门。特别是20世纪90年代,学者在不断探索政府职能变迁时发现,第三部门的作用越来越重要。政府通过授权将一部分责任转移给第三部门,第三部门也不负众望,切实维护了公众的利益。在交通信息公共服务的供给中,政府可以和第三部门建立合作伙伴关系,通过行政授权或者法律授权等方式让第三部门的作用得到充分发挥。不具有政治色彩、属于非营利性的第三部门,可以在政府的主导下灵活多样的组织人力、物力、财力传递交通信息,这种方式往往比政府供给更高效。

②合同项目式委托

合同项目式委托相比授权委托来说更具规范性。政府可以通过签订合同协议等方式将交通信息公共服务供给的职能委托给第三部门。政府通过规范程序将供给权力下放给第三部门,不仅可以防止出现单一主体供给的垄断局面,还可将交通部门不擅长的技术性问题转移给在此方面具有专业知识的第三部门。比较成功的案例莫过于日本的非营利性团体——日本ITS协会(ITS Japan)。此协会主要职责是与相关省厅和学术界合作,共同推进ITS系统的发展,促进ITS领域的国际交流,进行ITS相关的调查研究,并支持ITS相关企业的事业。此外,它还肩负着ITS的国际标准化和推广ITS系统等任务。交通部门可以借鉴日本的成功模式,将影响交通信息公共服务供给水平的信息技术平台通过合同的方式委托给相关的专业技术强的第三部门。这样发挥各自优势,促进交通信息公共服务更好地发展。

交通部门与第三部门签订合同委托时,是在公平、公开的原则下进行的。因此,市场(私营部门)也可以参与到与第三部门的竞争争取供给交通信息公共服务的权力。值得注意的是,交通部门在选择合作对象时应重点考虑交通信息公共服务供给的公共性以及公众利益最大化,不只考虑到第三部门的非营利性,也应该给市场(私营部门)公平竞争的机会。

③其他委托方式

除了上述两种委托方式外,交通部门可以通过政策优惠、财政补贴、特许经营等方式,选取多个非营利性组织与其合作,为公众提供交通信息公共服务。例如,最有效的方式是交通部门通过公开招标,给市场(私营部门)和第三部门公平竞争的机会,从中选取最有竞争力的组织合作。此方式可以降低交通信息公共服务的供给价格,为广大群众带来切实利益。招标也意味着交通部门可以随时监督交通信息公共服务供给的缺位以及合同不遵守的行为,并可随时终止其供给的权力。

(2)替代模式

替代模式较多应用于交通信息服务的技术性项目合作及合同承包,第三部门可以积极主动的自愿供给交通信息公共服务。非营利性以及不具有政治色彩的特点使其在实际过程中起到代替交通部门的部分职能。因此，第三部门可以利用这些优势积极主动的筹划交通信息公共服务的公益性活动，促进社会各个主体相互交流与合作，加强交通信息公共服务供给的主动性。交通部门只需给予一定的政策支持即可。第三部门对交通部门供给职能的替代模式正是以这类 NGO❶ 的大量存在而生存于各个行业和领域，发挥积极作用[44]。

交通部门可以通过授权委托、合同委托、替代模式等方式鼓励第三部门积极参与交通信息公共服务的供给，并在资金和政策上给予支持，在交通信息公共服务的供给过程中实施监督即可。此方式不但能够使交通部门减轻负担，还能集思广益，交通信息公共服务的供给效率也会提高，还可以降低供给成本。

4）多元主体合作供给机制

治理理论认为，不论在社会领域还是经济领域，自组织力量的不断壮大最终将导致政府与市场、政府与第三部门、市场与第三部门的权力界限被打破。交通信息公共服务的供给也逐渐演变为三方竞争合作以满足出行者需求。换言之，政府要在交通信息公共服务的供给上建立一种政府、市场（私营部门）与第三部门协调合作的供给秩序，才能解决交通信息公共服务的供需矛盾。三方在不断地竞争与合作中寻求多元权力的均衡点，形成交通信息公共服务多主体的供给机制。

（1）合作方式

目前，第三部门与企业的合作主要通过企业慈善、企业基金会、善因营销、活动赞助、许可证协议、共同主题推广、联合经营等方式实现。在企业慈善方面主要是金钱捐助、实物捐助、技术、服务捐助等；企业基金会、企业或企业主捐资成立的基金会是具有公益使命的非营利组织，并兼含赞助和运作两种特性[45]；企业所赞助的活动通常会在社会或某专业领域形成具有一定影响力的事件，吸引社会公众或业内人士的关注，从而使赞助者的形象或主张得以传播，增进认同与沟通[46]；联合经营是合作的最高形式，不仅可以弥补双方在人力、财力以及知识局限等诸多方面的不足，还可优化资源配置、优势互补，从而形成大规模合作效应，实现“互利双赢”的目标[47]。

（2）西方发达国家的经验借鉴

公共物品供给主体的多元化发展在西方发达国家特别是福利国家最为成熟。以美国为例，由于个人主义价值观念比较盛行，第三部门在美国发展较为快速，市场化程度也比较高。不论是在种类上还是在规模上，都是其他国家不能突破的。美国的社会福利不是由政府来供给，很多公共物品都是由市场和第三部门共同提供[48]。在美国，公共物品的供给方面，第三部门、市场、政府的合作关系建立已久。政府主要职责在于资源配置，切实实施由第三部门和市场进行。

美国第三部门相对于市场来说发挥的作用更多一些，主要原因是美国第三部门供给拥有财力后盾。第三部门有专门的资金组织筹措资金，如基金会、筹款组织等为其他组织筹措和管理资金。第三部门的资金 86% 来自服务收费、政府合同项目拨款以及银行利息，14% 来自社会企业、个人捐赠以及基金会赠款等。与美国不同的是英国政府，英国的政府相当重视第三部门的发展。2001 年，英国拿出 35 亿英镑支持第三部门，并致力于建立与第三部门的

❶ NGO，Non-government Organization，即非政府组织。

伙伴关系,向公众提供公共服务[49]。此外英国也重视市场的发展,英国政府将大量的公共服务交给第三部门和市场,推行公共服务混合型供给模式。英国政府成功地运用了第三部门的力量,积极推动第三部门补充自己的不足,而且从政策和财力上给予支持,形成良好的互动合作关系[50]。

与西方国家不同,我国市场基础还不成熟,第三部门力量还很薄弱,在供给交通信息公共服务时,我们还需要逐步摸索适合自己的道路,才能在交通信息公共服务的供给上实现政府、市场(私营部门)与第三部门的互动与合作。我们可以借鉴英、美两国成功经验实现交通信息公共服务供给主体多元化的发展。在形式上,政府可以制定交通信息公共服务的供给数量与质量标准,市场(私营部门)与第三部门通过投标、承包等方式与政府签订承包合同,进行交通信息公共服务的供给。政府可以与第三部门合作,通过特许等方式吸引更多的主体参与竞标。

此外,市场(私营部门)也可以与第三部门合作提供交通信息公共服务。赫兹琳杰归纳了第三部门与市场(私营部门)的两种合作方式[51]:一种是推广公益活动,第三部门与市场(私营部门)共同推广交通信息公共服务的公益活动。对于私营部门来说,企业愿意承担社会责任来树立自身品牌形象;从第三部门考虑,它可以从中获得资金支持以及筹措资金的经验,并能开发各种融资平台,发动社会力量积少成多,为其自身的发展提供财力支持。另一种是核发许可证,第三部门与市场(私营部门)达成协议,通过核发许可证供给交通信息公共服务。

总之,从上述发达国家供给公共服务的经验可以看出,政府"最基本的作用就是引导这些社会机构和组织健康发展",即起掌舵和催化剂的作用,同市场和第三部门建立起合作互动的关系,促进公共服务品质的改善[52]。可见,在交通信息公共服务的供给中,政府的主要职责是为市场(私营部门)、第三部门提供供给交通信息公共服务的机会,通过竞标、合同承包等方式吸引更多的主体参与到交通信息公共服务的供给中来[53]。

6.2.2 综合运输信息互联互通机制策略

通过前述分析,可以看出政府部门间的共享意愿是客观存在的,但是出于某些障碍因素,导致共享动机受阻,不能有效地转为行动力。因此,设计跨部门信息共享的动力机制,以营造共享意愿意义重大。根据跨部门政府信息互联互通的动机和决策过程中的障碍分析,本书归纳出如图6-4所示综合运输信息互联互通动力营造机制的总体框架。

6.2.2.1 完善综合运输信息互通机制顶层设计

在跨部门政府信息互联互通的实践中,导致公共利益部门化、部门利益个人化的重要原因在于顶层法律规范的缺失。由于顶层法律规范的缺失,各部门从自身利益角度出发,或为追求政治利益自设障碍,或为追求经济利益进行信息寻租,或为避免由于信息共享而承担信息安全风险,试图阻碍信息共享计划的推进。归根到底,顶层立法的缺失使公共利益与部门利益相分离,对部门利益影响甚微,在部门信息共享决策过程中不占据核心地位。因此,在对综合运输信息资源进行总体梳理和规划的基础上,应通过一定的制度和规范来保障跨部门信息资源的共享。

建立综合运输信息互联互通的管理体制,首先,应按照基础信息、主题信息和部门信息的分类,用制度明确综合运输跨部门信息互联互通的责任主体、监督机构、考核机构、仲裁机构等管理和协调机构及其职责范围。其次,应按照信息资源的共享分类,建立综合运输跨部门政府信息互联互通的推动机制、监督机制、考核机制和诉求渠道等管理和协调制度。最后,跨部门信息互联互通是一个复杂而庞大的工作体系,这一体系的建设是一项复杂的系统工程,为了确保这一系统工程建设规范有序进行,必须建立科学完整的综合运输信息互通标准规范体系,为工程的推进提供技术管理框架。相关的建议后续详述。

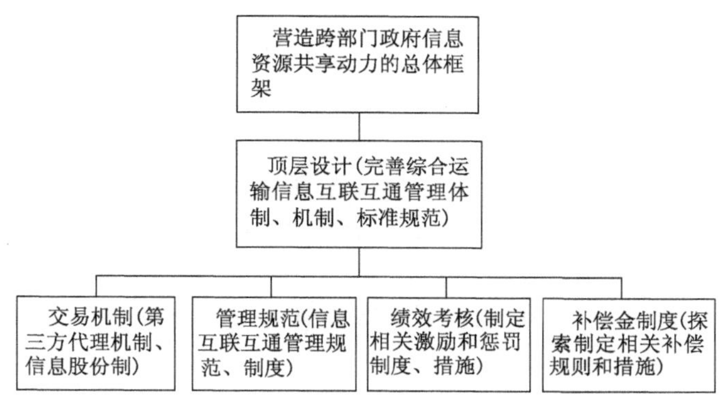

图6-4 跨部门政府信息互联互通动力营造机制总体框架

此外,为解决综合运输各政府部门在信息资源共享时对于公共利益分摊时责任不明、互相推诿的问题,应从信息资源管理体制上进行革新,明确各级信息资源管理部门的职能与职责。首先,基础信息、主题信息的建设应由上级领导部门负责牵头,从宏观角度进行资源配置和规划、制定信息共享与服务制度,协调各部门的信息资源共享工作。另外,对于一般的职能部门,应明确界定各部门与职能有关的信息管理范畴,明确各部门信息资源开发管理的权限,确定信息共享条件和范围,响应其他部门的共享需求。

6.2.2.2 建立综合运输信息合理交易机制

一般认为,政府信息资源不同于一般的商用信息资源,具有公共物品属性,从理论上来说,进行跨部门共享应该在国家相应制度的调节下实行免费共享。但是,信息的收集、加工以及维护、更新都需要各政府部门承担相应的成本,在条块分割的政府模式下,如果其他部门免费共享本部门的信息资源,这种类似于“搭便车”的行为是明显不符合本部门的利益的。此外,在共享过程中,还有可能增加额外的人员、设备成本。因此,在实际的跨部门信息资源共享中,需要建立合理的交易机制以确保信息供给部门的合理利益,使其愿意共享。

鉴于政府部门是公共性组织,因此在跨部门信息资源共享的交易过程中不能以营利为目的,即在信息共享的过程中只能对信息搜集、制作加工、维护和分发过程中的成本进行补偿,其定价不能超过政府部门为信息产品再加工和信息发布的成本。因此,所谓合理的交易机制必须基于合理的信息共享分类。根据需求信息的存在形式,可以将跨部门的信息资源共享分为两类:

第一类是已经规范、数字化的信息资源共享。该类信息资源的特点是已经以某种形式存在于数据库中,信息供给方可直接抽取信息满足其他部门的信息需求,如车辆/船舶数据、交通基础设施数据、运营企业数据以及一些市场信用数据。由于此类信息是政府部门的日常业务信息,即使不用来进行信息资源共享,基于职能要求,政府部门也需要投入一定的成本进行采集、维护、更新，共享并不会导致成本的额外增加。因此，基于政府部门的公共性，此类信息应该无偿共享。在这类共享中，可由上级行政权威部门进行统一指导，共享各方就共享作出详细的规定，并且各方必须在共享过程中严格遵守规定。在综合运输信息互联互通中，建议可由交通运输部网络安全与信息化领导小组负责统一指导。

第二类是为共享需进行深加工的信息。该类信息资源的特点是并不直接存在于部门数据库中，如统计数据、监测预警数据等。政府部门必须对已有基础信息进行深加工才能满足其他部门的信息共享需求，这并不是该部门的职能工作。因此，该共享工作会增加额外的成本，主要包括：为加工信息而产生的人工成本，可通过工作人员的工资、津贴、福利得以体现；业务部门内部为加工信息而进行沟通协调、统计分析的时间成本等。因此，对这些成本进行合理的经济补偿是保障政府部门合理利益的必要手段。在这类共享中，可通过建立第三方代理人机制予以解决。通过对跨部门政府信息资源相互共享和单方面共享的实践进行分析，共享行为难以成立的原因主要在于：由于信息的不对称，难以达成公平有效的契约。因此，可通过建立第三方代理人机制，由其对共享信息的价值、定价进行估算，并在共享主体间进行协调，如图 6-5 所示。

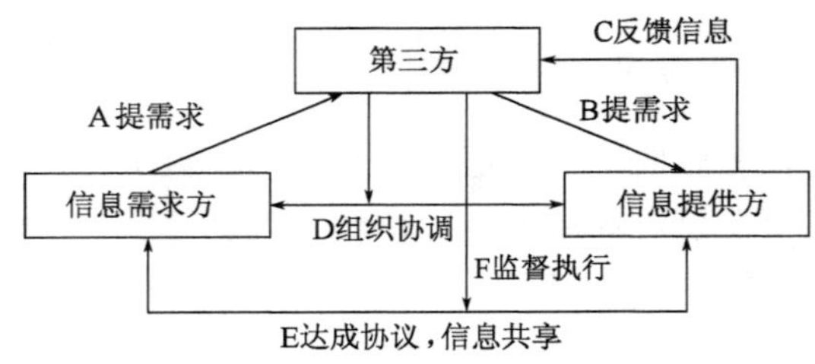

图 6-5　信息共享三方治理模型

首先，信息需求方在明确信息需求后向第三方提出，并由第三方向信息提供方进行反馈；其次，信息提供方在收到第三方的信息需求后，对信息成本进行估算，反馈给第三方，然后第三方对信息提供方的反馈信息进行核实，并组织信息需求方和信息供给方就信息共享问题进行协商，确保双方都获得成本与收益的匹配；最后，协议达成后，信息供需双方进行信息资源共享，并由第三方按照协议进行监督。

在这个模型中，第三方的资质非常重要，它至少应该满足以下条件：完全独立、可靠，并代表社会公共利益和共享系统的整体利益。如果综合运输信息互联互通主要是政府管理信息的互联互通，这个第三方可由部级的信息中心承担。

最后，还有一个问题是关于政府占有信息的处理问题。政府部门在采集和维护信息资源的过程中付出了劳动，并由于垄断信息维持了部门的权力和利益，要消除政府信息资源的部门限制和封锁，应对其占有的信息资源进行市场化和股份化，按照市场化运作的方式对信息提供方给予一定的利益补偿。政府信息资源共享是否能够深入推进和持续发展，很大程度上取决于能否针对参与主体制定有效的激励约束机制。可以借鉴“企业化政府”思想精髓，将政府部门掌握的信息资源“股份化”，科学设置每个信息提供部门的“信息股份”，以政府部门对共享信息的提供程度、维护程度和协同应用程度作为考核该部门参与信息共享的评价标准，起到对信息共享的激励和鞭策作用，形成约束跨部门信息共享、维系跨部门网络政务协同的制度。上述理念对于综合运输信息互联互通，尤其是面向市场和服务层面的信息互联互通具有一定的借鉴意义。

6.2.2.3 完善综合运输信息互通管理规范

2008年5月1日起施行的《中华人民共和国政府信息公开条例》（以下简称《条例》）共5章38条，分为总则、公开的范围、公开的方式和程序、监督和保障、附则，旨在保障公民、法人和其他组织依法获取政府信息，提高政府工作的透明度，促进依法行政，充分发挥政府信息对人民群众生产、生活和经济社会活动的服务作用。

《条例》明确：行政机关公开政府信息，应当遵循公正、公平、便民的原则；行政机关应当及时、准确地公开政府信息；行政机关发现影响或者可能影响社会稳定、扰乱社会管理秩序的虚假或者不完整信息的，应当在其职责范围内发布准确的政府信息予以澄清。根据这一条例，各级人民政府及县级以上人民政府部门应当建立健全本行政机关的政府信息公开工作制度，并指定机构负责本行政机关政府信息公开的日常工作。

除了《条例》规定的行政机关主动公开的政府信息外，公民、法人或者其他组织还可以根据自身生产、生活、科研等特殊需要，向国务院部门、地方各级人民政府及县级以上地方人民政府部门申请获取相关政府信息。《条例》特别规定，申请公开的政府信息中含有不应当公开的内容，但是能够作区分处理的，行政机关应当向申请人提供可以公开的信息内容。

《条例》明确了四类政府信息应当主动公开：涉及公民、法人或者其他组织切身利益的，需要社会公众广泛知晓或者参与的，反映本行政机关机构设置、职能、办事程序等情况的，其他依照法律、法规和国家有关规定应当主动公开的。对于县级以上各级人民政府部门，条例要求其在各自职责范围内确定主动公开政府信息具体内容的同时，重点公开下列政府信息：行政法规、规章和规范性文件，国民经济和社会发展规划、专项规划、区域规划及相关政策，国民经济和社会发展统计信息，财政预算、决算报告，行政事业性收费的项目、依据、标准，政府集中采购项目的目录、标准及实施情况，行政许可的事项、依据、条件、数量、程序、期限以及申请行政许可需要提交的全部材料目录及办理情况，重大建设项目的批准和实施情况，扶贫、教育、医疗、社会保障、促进就业等方面的政策、措施及其实施情况，突发公共事件的应急预案、预警信息及应对情况，环境保护、公共卫生、安全生产、食品药品、产品质量的监督检查情况。

《条例》规定，政府信息公开的主体主要是行政机关和法律、法规授权的具有管理公共事务职能的组织。这两类主体是政府信息的拥有者，也是政府信息公开义务的承担者。此外，教育、供水、供电、供气、供热、环保、医疗卫生、计划生育、公共交通等与群众利益密切相关的公共企事业单位在提供社会公共服务过程中也产生、获取了大量社会公共信息。公开这些与人民群众的生产、生活密切相关的社会公共信息，有利于更好地保障广大人民群众获取信息、利用信息的合法权益。

该《条例》总体上是针对政府行政方面的信息公开，对于类似综合运输信息互联互通之类涉及业务层面的信息公开指导意义不明显。要根除类似的信息寻租，必须对信息资源的归属、收集、管理、使用和费用预算等各方面制定相关规定，让各个部门有法可依。因此，需要制定统一的综合运输信息互联互通管理规范和管理制度，以此来约束、规范综合运输信息互联互通，对拒绝和抵制互联互通的政府部门及部门领导进行一定程度的惩罚。规范的内容应当包括信息归属、管理、使用及费用预算等方面。

6.2.2.4 健全综合运输信息互通绩效考核

调和社会公共利益与政府部门利益之间的矛盾，一方面应当通过顶层设计确保社会公共利益实现的制度化、法制化，另一方面还应当通过健全和完善部门绩效考核机制，促进政府部门利益与社会公共利益紧密结合，增加部门共享行为的内在动力。

由于跨部门信息资源共享的实施很大程度上取决于部门领导的意志，因此，可将信息共享对社会公共利益的贡献程度与部门领导的政绩考核相挂钩。在传统公共行政模式中，各级政府采集的信息资源往往形成独家垄断局面，政府部门或部门领导凭借信息特权可谋取大量利益。相反，部门领导对于跨部门信息共享的推动工作却无法有效量化，这无疑不利于调动其推动共享的积极性。因此，通过制度创新，使跨部门的政府信息资源共享工作激励机制与部门领导的政治激励制度和岗位激励制度协调一致，将政府部门信息资源共享工作纳入政府部门的职能范围和部门领导的绩效考核体系中，将大大增强部门间进行信息资源共享的动机。

相比政府部门领导对于政治利益的追求，部门普通公务人员更强调其自身的经济利益，即在信息资源共享过程中追求劳动与收益的匹配。由于共享制度的缺失，在信息资源共享的实践过程中，普遍存在这样一个问题，即参与信息共享工作的业务人员并不一定能够参与政府部门共享收益的分配，大大降低了部门业务人员的积极性。因此，明确业务人员工作职责，使其与部门的经济激励制度相契合，将信息资源共享工作纳入普通公务人员的绩效考核体系中，将增强业务人员进行信息资源共享的积极性。

在具体操作过程中，信息资源共享的绩效评估指标体系主要使用资源共享、标准协同、工作协同和客户满意度四类指标。其中，资源共享指标应从部门间系统平台共享、信息资源共享等方面来度量，标准协同指标要从信息资源目录体系、信息资源交换体系、公文流转标准、安全技术标准等方面来度量。资源共享指标、标准协同指标是直接针对"重复建设"和"信息孤岛"问题设置的。现阶段，应加大这两项指标的评分权重，针对"重复建设"和"信息孤岛"进行重点评估，以绩效考核作为驱动力，督促各部门克服自身的局部利益，由信息垄断逐步走向信息共享。工作协同指标和客户满意度指标是针对信息系统的具体应用效果进行评估。工作协同指标主要在统一的信息平台上，衡量跨部门的协同工作效率；客户满意度指标用于度量广大公民和企业等对于信息系统服务的满意度。这两项指标评估由于信息共享和协同应用引起的政府效率的变化，间接地评估了部门信息资源共享的情况。评估结果要与具体奖惩措施挂钩，建立科学有效的激励约束机制。

6.2.2.5 探索综合运输信息互通补偿金制度

跨部门的信息共享必须进行系统性的建设，资金投入是系统建设的前提。针对综合运输信息化建设中各部门系统标准不统一、存在大量"信息孤岛"的现状，应加强统一标准的建设，实现系统间的互联互通。但是，无论是各个系统的重建或是通过中心平台以实现各系统的接入，都需要投入大量的资金，一方面是弥补已建成系统的沉没成本，另一方面是新系统建设的额外投入成本。如果不对政府各部门的相应成本进行合理的补偿，那么各部门会从自身合理经济利益出发排斥共享。因此，从财政上进行资金的合理配置，弥补各部门因共享导致的额外成本，保障部门的合理经济利益，可强化跨部门政府信息共享的积极性。

第7章 “十三五”期综合运输信息互联互通推进建议

7.1 总体思路和框架

7.1.1 发展思路

围绕当前公路、水路、铁路和民航四种运输方式在政府安全监管、行业综合管理、公众出行服务方面信息互联互通的需求，进一步加强信息互联互通在综合交通枢纽内部、枢纽城市内部、区域之间以及交通运输主管部门内部部分基础条件较好重点联运联乘信息平台、交通运行协调指挥中心、重点行业管理和服务系统等领域的应用示范；依托应用示范，逐步完善信息共享和交换标准，建立健全信息互联互通管理规范，推动市场层面综合运输信息互联互通平台的形成。在此基础上，推动全国范围的综合运输互联互通信息服务平台和体制机制的建立。

7.1.2 总体框架

根据各种运输方式信息互联互通的现状及需求分析，结合综合运输信息互联互通面临的形式及阶段特征，本书提出了推进综合运输信息互联互通的总体框架，如图7-1所示。总体上，综合运输信息互联互通主要包含政府和市场两个维度。

1)政府维度

政府维度对于综合运输的信息需求主要来自行业管理和为市场提供基础公共交通信息服务，包括安全应急信息、决策支持信息、综合运输基础公共信息等，建议建立部、省、市三级综合运输信息互联互通体制机制，共同推进综合运输信息互联互通工作的开展，建设相应的互联互通平台，作为承担具体信息共享工作的载体，需要由政府来主导。其中：

部级互联互通平台主要实现交通运输部、国家铁路局和中国民航局之间部分信息的互联互通，并承担三个方面的职责：一是对接其他部委对综合运输信息的需求，二是协调各省间对综合运输信息的需求，三是为行业决策、行业宏观管理、安全应急等提供信息支撑。需求特点是颗粒度相对较粗，对实效性要求不是很高(突发事件综合运输信息需求除外)。建议在交通运输部相关司局的指导下，由中国交通通信信息中心负责具体实施。

省级互联互通平台主要负责实现本省(自治区、直辖市)范围内各枢纽城市综合运输信息的互联共享，承担三个方面的职责：一是对接部或其他省份对本省(自治区、直辖市)提出的信息需求，二是行业管理信息需求，三是面向本省(自治区、直辖市)市场提供基础公共交通信息服务。需求特点是综合性较强，动态信息需求较多。建议在省级交通运输主管部门的统一领导下，由各省(自治区、直辖市)交通运输厅信息中心(或承担类似职责的部门)具体负责。

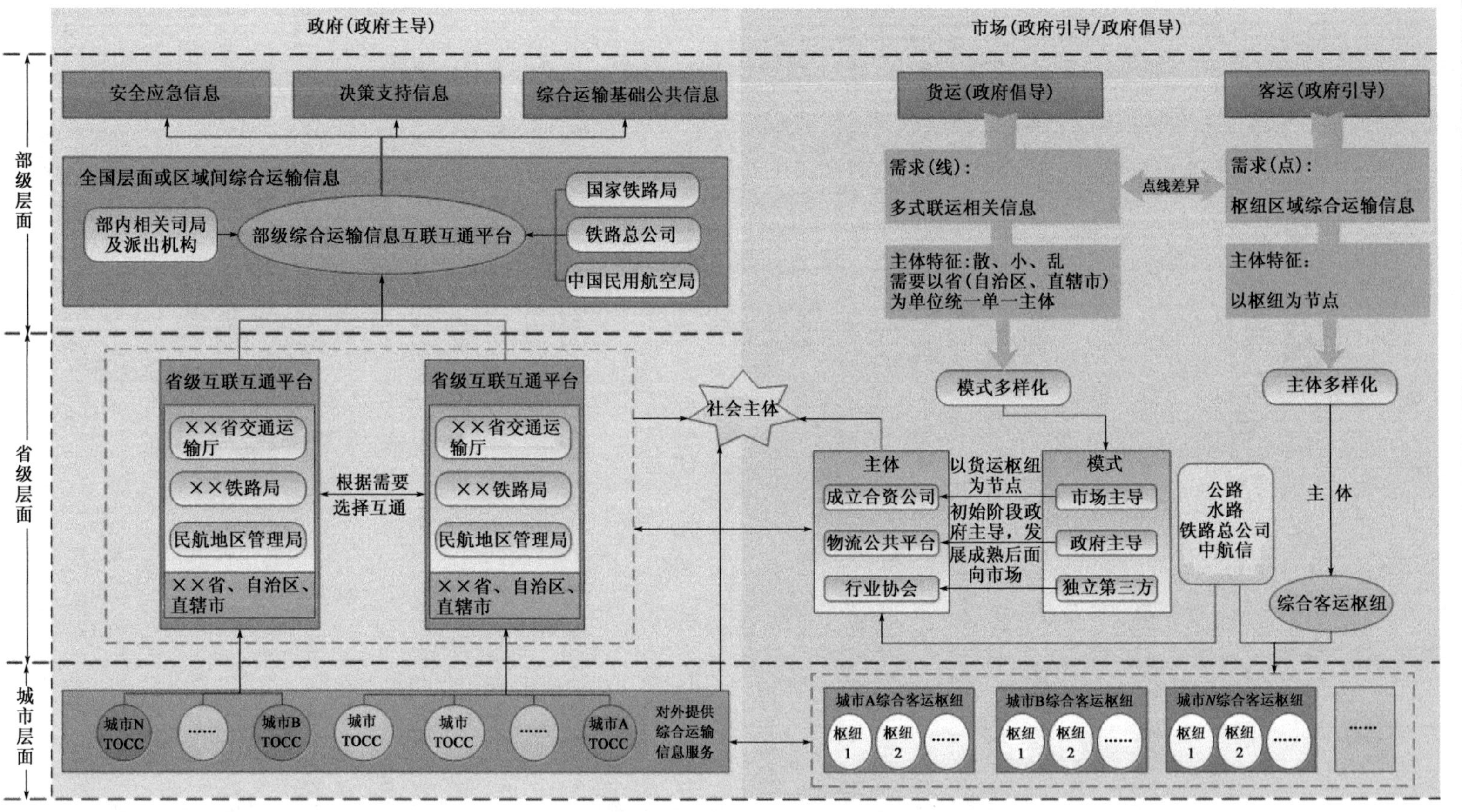

图7-1　综合运输信息互联互通总体框架图

市级互联互通平台主要负责实现市内各综合客运枢纽相关综合运输信息的互联共享，承担两个方面的职责：一是对接本省提出的信息需求，二是面向本市市场提供基础公共交通信息服务。需求特点是对实效性要求相对较高，与业务关联性较强。建议由各市交通运行协调指挥中心（TOCC 或类似机构）建设和运营。

2）市场维度

市场维度对于综合运输的信息需求主要来自客运和货运业务，需要政府的引导或倡导。其中：

客运方面涉及综合交通的主体主要是各综合客运枢纽，需要的是枢纽所在区域各种运输方式的相关信息，即从点或面上对综合运输信息互联互通提出需求，以综合客运枢纽为节点，主要通过市场化运作方式实现信息互联共享，政府以倡导为主。

货运方面涉及综合交通的业务主要是多式联运，需要的是各种运输方式相互衔接共同完成货运业务的相关信息，即从线上对综合运输信息互联互通提出需求。同时，业务主体具有散、小、乱等特征，单靠市场作用实现相关信息的互联互通难度较大，因此需要以省（自治区、直辖市）为单位，统一单一主体，推动货运多式联运业务市场层面综合运输相关信息的互联互通。各省（自治区、直辖市）可根据自身特点选择合适的发展模式，并确定相应的主体形式。可以尝试选择以下三种发展模式：一是市场主导模式，即政府与企业进行合作，成立合资公司，由合资公司以市场化手段开展综合运输信息互联互通工作；二是政府主导模式，即发展初期由政府主导建设物流公共信息平台，待发展成熟后再面向市场；三是独立第三方机构主导模式，即政府培育并委托行业协会开展综合运输信息互联共享相关工作。

7.2 发展原则和目标

7.2.1 发展原则

（1）以需求为导向。任何持续有成效的共享应用都必须以应用需求为导向，以满足综合运输业务需求作为出发点和归宿。如果只是为了互联互通而互联互通，到头来只能是“形象工程”，最终会因为没有应用、缺乏经济和社会效益，难以有可持续的资金投入而废弃。

（2）信息交换周期按需所定。对于更新不频繁的共享信息，可采用间隔一定时间周期性进行批处理交换，而对于更新频繁的共享信息必须做到实时交换。共享信息实时交换并不是要求共享速度过高，只需要做到共享数据随需随时调用，能即时获取到最新数据即可，避免因数据共享交换存在一定周期，造成数据更新滞后。

（3）共享内容不可求全求多。推动信息共享应该遵守共享信息适可而止，不能求全，只要能满足本部门业务开展需要即可，数据共享量越少越好。这样不仅可以降低共享信息提供者的各种负担，也能够减轻共享信息使用者后期的数据维护工作，使得信息共享能够顺利推动，并且可以维护系统的长期可用性。

（4）基础信息库脱离业务部门建设。综合运输的基础信息库必须由国家投资且不从事政务或者业务的第三方机构单独负责建设，同时，该机构不与其他需要使用基础信息的政务机构存在利益和上下级关系。此外，公共基础信息库的建设必须由国家专项财政资金投资建设，且建成以后包括信息库的日常维护经费必须由国家财政全额拨款资助，不得允许承建的第三方机构利用公共基础信息库对外服务收取服务费用。

(5)处理好政府与市场的关系。充分发挥政府的带动和先导作用,在允许范围内,全面实施交通信息资源开放,最大限度地提高政府投资信息化的使用效益,解决信息孤岛问题,与企业形成合力。根据要实现的功能、具体交换共享的数据内容明确政府定位,采用政府主导、政府倡导或政府引导,原则上:以政府应用为主的,如行业监管、决策分析等相关信息应由政府负责推进落实互联互通;属于企业应用为主、市场化运作的,如数据深入开发利用、物流信息交换共享等应由企业根据实际情况自主决定,政府给予适当引导;对于政府倡导的公众出行交通信息服务,考虑到政府资源有限,在不影响网络与信息安全的前提下,可通过特许经营的方式,充分利用市场机制,有效利用互联网企业的服务能力、发布平台、技术优势和商业模式,集成各类交通出行服务信息,更好地为社会公众提供交通出行信息服务。

(6)应用示范带动。注重通过应用示范工程的方式,推进综合运输信息部、省、市三级互联互通。通过选择一些具有代表性、发展基础较好的区域、枢纽城市、综合客货枢纽,予以建设资金和政策支持,推动综合运输信息互联互通,提升政府行业监管、安全应急和宏观决策能力和水平,提高货物和旅客运输效率,提升运输服务质量和水平。

(7)标准制度先行。提前做好联运信息互联互通的标准制定工作,建立互联互通信息交换标准体系,梳理已有标准,明确待制定的标准,尽快纳入标准编制计划并制定标准。建立和健全综合运输信息互联互通管理制度,加强对互联互通工作的指导、监督和考核。

(8)模式创新驱动。针对公路、水路、铁路和民航四种运输方式不同的信息化建设体制,鼓励探索政府和市场多方合作的新机制,充分发挥市场在资源配置中的决定性作用,支持和引导社会力量参与综合运输信息互联互通信息系统或平台建设。

(9)远离保密隐私范畴。宜公开数据的共享不会给共享数据提供部门带来泄密责任,推动这些数据在不同部门间的信息共享也相对容易。相反,那些涉及国家秘密或商业秘密以及个人隐私的数据,由于国家有法律法规和部门规章对数据使用范围有明确严格的界限,一旦数据共享之后使用范围超出界限,共享数据提供部门就要承担责任。此外,共享信息远离保密隐私范畴,对共享系统的安全保密设计要求也会降低,部门因担心技术能力不足带来的信息共享的心理阻碍就会降低。

7.2.2 发展目标

“十三五”前半期,基本实现公路、水路、铁路、民航在部分基础信息、安全应急信息、决策支持信息等方面的互联互通以及部分重点信息系统的互联互通;到“十三五”末,基本实现综合运输各运输方式所有基础信息、安全应急信息、决策支持信息的互联互通,面向物流服务和公众出行服务的综合运输信息互联互通局面初步形成,初步建立统一的信息化领导体制和工作机制以及统一的信息交换标准体系和安全保障体系,综合运输信息服务体系基本建成。

7.3 主要任务

建议将综合运输信息互联互通的推进工作分为三个阶段开展:第一阶段为应用示范阶段,实现重点信息资源互联互通;第二阶段为总结提升阶段,统一互通标准,完善体制机制,可以采取边示范边总结的方式;第三阶段为全面推进阶段,实现多领域多区域互联互通。总体上,综合运输信息互联互通的主要任务包括以下三个方面:

7.3.1 开展应用示范

7.3.1.1 基础类

1）部级（公水空铁）综合办公系统

交通运输大部制改革虽已初步完成，但是各种运输方式协同办公机制尚未形成。建议“十三五”启动部级（公水空铁）综合办公系统建设，在公、水、空、铁四种运输方式相关部门现有办公系统的基础上建设平台的平台，为各种运输方式协同办公创造条件，通过办公系统互联互通促进综合运输统计、政策公告发布等业务的开展，推动综合运输体系的建立。

2）交通数据生态服务平台

建设交通数据生态服务平台是开展综合运输工作的重要抓手，是回答“十三五”规划中综合运输信息互联互通落地事项的必需。建议面向交通运输相关企业和行政部门，建设交通数据生态服务平台，定位为智慧交通内在的、无法被剥离的基础设施，以交通运输时空数据为基础，以交通运输安全应急应用为基本需求，以数据交付输出服务为核心功能，吸引数据供给方、数据开发方、数据校验维护方向平台自然汇聚，提供技术支撑，形成连接交通数据资源供给方、数据资源需求方、数据资源认证方、数据应用开发方的公共服务平台，建立数据服务业务流程和工作机制，贯通数据业务流和利益流，形成交通运输数据服务的生态链。物理上建设交通数据生态服务平台，以有形的门户、应用工具和服务作为承载交通数据生态的载体，提供有形的数据便捷输出功能（如数据展示、查询、访问、调用等）、可用的数据应用工具（如一系列交通专业算法）、数据便捷输入渠道、数据校验维护策略，支撑区域性、全国性典型应用。保障上建立交通数据生态服务联盟，动态优化交通数据服务相关机制和标准，推动形成动力环境。实现路径上充分利用现有资源和经验起步，借助“互联网+”和平台环境创新机制，众筹交通数据。

3）综合运输公共信息服务平台

目前，各种运输方式对外发布的信息分布在不同平台，缺少有效、及时、动态的数据支持，不能给社会公众提供全方位、全过程、一站式的交通公共信息服务，不利于社会公众有效使用，同时也阻碍了市场基于交通基础公共信息开展各类交通信息服务。建议开展综合运输公共信息服务平台建设，将各种运输方式可对外发布的信息统一进行实时发布，面向社会公众提供综合交通各种运输方式出行的“一站式”公共信息查询，促进综合运输公共信息公开，服务于社会公众出行及市场基于发布信息进行二次开发。明确各种运输方式发布信息的责任和义务，以及发布的信息内容、数据更新频率等，并建立相应的绩效考核机制。初期，平台由交通运输部统一规划、建设和运维，各种运输方式无偿提供相关信息；待发展成熟后，可对外有偿提供定制化的信息服务，并将所得用于平台运维及对信息提供方收集、发布信息产生的成本给予一定补偿。

7.3.1.2 业务类

1）安全应急

（1）部级交通运行监测与应急指挥信息互通工程

交通运行监测与应急指挥各类业务间差异性较大，且缺乏统一的业务协同、数据资源顶层设计，建议开展交通运输部交通运输运行监测与应急指挥系统二期工程建设，明确公路、水路、铁路和民航四种运输方式在运行监测与应急指挥业务方面的信息需求，梳理相关共享信息的数据来源、数据格式、共享频率和共享方式,加强部省市各级系统的有效对接、协调联动,强化公路、水路、民航、铁路运输基本信息与运行信息的汇聚分析、发展态势的综合研判,构建一体化的信息共享协同平台,切实提高跨运输方式的运行监测和应急指挥业务协同能力,为综合交通运输协调管理和应急处置提供信息支撑,满足日常应急管理、突发事件处置和运行监测的基本信息需求。推动部际、省际联动协调机制建设,实现各级交通运输主管部门与公安、安监、气象、国土资源等相关部门的互联互通、信息共享和协调联动。

(2)枢纽城市交通运行协调指挥中心(TOCC)综合交通信息协同应用示范

枢纽城市交通运行协调指挥中心(TOCC)具有综合运输协调指挥、交通安全应急指挥、决策支持与信息服务三大功能,可作为综合运输信息节点。建议梳理枢纽城市交通运行协调中心在交通运行协调、应急指挥、决策支持以及信息服务方面的职能,开展枢纽城市交通运行协调中心(TOCC)综合交通信息协同应用示范,依托TOCC整合枢纽城市公路、水路、铁路、民航和城市交通相关信息资源,建设涵盖多种运输方式的综合交通运输信息协同平台,为政府、市场和社会公众提供"一体化"的综合交通信息服务。在此基础上,建立与公安、安监、环保等其他相关部门之间的数据共享与协调联动机制,综合运用各类信息资源,加强综合运输服务能力与运行的动态监管分析,主要实现包括日常监测、应急指挥、信息服务、突发事件应急调度等功能。日常情况下,TOCC负责交通数据采集,对收集到的数据进行汇总、分析、上报,并为各相关单位的派驻人员或固定联络人提供技术保障和信息服务,对交通运行状态进行监测和预测,为政府、市场和社会公众提供综合交通信息服务;重大活动期间和紧急情况下,TOCC负责协调指挥并通报相关部门,各责任单位可进驻TOCC进行现场指挥和处置,所有监控信息都为决策提供支持,提高应急处置能力。

(3)部省市三级综合交通安全应急数据交换中心示范

为满足综合交通安全应急信息需求,建立综合交通安全应急数据共享机制,建议开展部省市三级综合交通安全应急数据交换中心示范。部级数据交换中心主要负责梳理明确部省之间的信息流,制定统一的接口和数据标准,满足三个方面的需求:一是对接其他部委对综合运输提出的信息需求;二是协调各省(自治区、直辖市)之间的综合运输信息需求,便于各区域加强互联互通和信息共享;三是通过建立科学决策数据库,为行业科学决策提供信息支撑。省级数据交换中心主要负责信息的日常管理,加强各业务条线、各市交通运输部门信息资源的汇聚管理和综合应用,更好地支撑部省间、省际间数据交换和互联互通应用,向上对接部或行业对本省(自治区、直辖市)综合运输提出的信息需求,向下汇集各市综合运输相关信息,实现信息共享。市级数据交换中心主要负责各运输方式共享信息的收集、分类等,并将信息上报省级数据交换中心。

(4)基于移动卫星技术的综合运输安全应急通信工程

当前,我国现代化建设进入新阶段,改革和发展处于关键时期,影响公共安全的因素增多,各类极端天气事件发生频率和强度进一步加剧,突发公共事件时有发生,例如马航失事客机搜救、遇险船舶搜救、鲁甸地震等重大突发事件,对应急通信保障工作提出了更高的要求。因此,需要充分利用各种移动卫星技术优势,开展基于移动卫星技术的综合运输安全应急通信工程,实现北斗关口站专网、遥感卫星、海事卫星网络以及搜救卫星网络、交通VSAT网络、高速公路光纤网络的互联互通,推动行业基础通信网络互联互通,为综合运输安全应急提供畅通可靠的通信保障。

2)行业管理与服务

(1)综合运输统计数据采集与处理平台

统计是一种国际通行语言,也是一个权威且有制度保障的体系。交通运输部承担着开展综合交通统计的职责,“十三五”期间,亟须进行统计制度改革,统一交通运输统计口径,各种运输方式的统计数据统一上报国家统计局。建议“十三五”开展综合运输统计数据采集与处理平台建设,实现交通运输统计数据联网直报,各统计对象根据交通运输统计“一套表制度”要求,通过平台一次性将数据统一上报,避免企业向不同部门重复填报数据,以及同一信息采集的数据不同的问题,提高统计数据准确度;依托平台促进统计数据的互联共享,为开展行业决策、行业经济运行分析、行业规划等提供信息支撑。交通统计“一套表制度”是指各个部门将需要统计的信息报给交通运输部,由交通运输部统一对企业收集需要的数据,然后通过平台进行共享,各需求单位从平台直接获取相关统计信息,即一个对象、一次采集、一次填全、信息共享。

(2)综合运输“一站式”网上政务大厅

加快完善不同运输方式、相关管理部门的政务信息系统,推动整合综合运输服务政务资源,探索建立基于一个门户网站、一个受理窗口的“一站式”网上政务大厅和行政审批运行模式,集中受理、办理行政许可、审批和其他公共事务,强化政务信息公开,推进综合运输行政管理集中、透明、便民、高效,推动形成主体业务流程规范、信息互联互通的综合业务管理与公共信息服务系统,实现政务管理信息与运输企业、从业人员、枢纽站场、运输装备等动态信息的联网运行,以及基础信息精细化、管理对象可视化、过程信息一体化。

3)客运服务

(1)枢纽城市重要客运枢纽综合交通运输信息服务“一体化”应用示范工程

大型客运综合交通枢纽站通常是多种运输方式交通干线的交会与衔接处,是办理旅客发送、中转和到达作业并提供相关客运服务的场所,应当为旅客提供方便快捷的换乘条件和相关信息服务,缩短旅客在站中转停留时间,使铁路、航空、城市轨道交通和公共交通等各种运输方式能够协调运行,实现“零换乘”。建议开展枢纽城市重要客运枢纽综合交通运输信息服务“一体化”应用示范工程建设,构建综合枢纽客运信息共享平台,实现示范应用枢纽站内涉及运输方式运行状态信息(如始发时刻、预计到达时刻等)的及时发布、实时更新,为枢纽站内各种运输方式“无缝化”衔接、调度指挥人员合理调度提供信息支撑;支持企业整合多种客运方式出行信息,以公众出行服务网站、多媒体查询终端、移动智能服务以及可变信息板等多种手段,实现各种运输方式线路、费用、沿途信息等的“一体化”查询,为公众提供及时准确的客运信息及现代化、高质量的服务。

(2)跨区域综合运输联网售票系统

综合运输联网售票是涉及多种运输方式、多个地方、多个企业的系统工程,系统的成功依赖于各地方行业主管部门、相关企业的积极参与和配合。因此,项目建设前期必须由政府部门牵头,在资金、技术、设备等方面给予大力支持,并采取科学的推进模式,明确合作机制,处理好利益分配、结算困难等问题,平衡好地方主管部门之间、地方主管部门与企业之间、企业与企业之间的关系。建议以京津冀、长三角和珠三角城市群为试点,进一步理顺客运管理方式，建立相关主体的利益分配机制，在现有省（自治区、直辖市）内道路客运联网售票的基础上，建设跨区域综合运输联网售票系统，结合各自实际需求，探索实现长途客运与铁路、民航、水运等其他运输方式之间的联网售票，并根据综合客运枢纽建设实际情况，实现在一个综合客运枢纽内"一次购票、一次安检、一次验票"，乘客凭二代身份证自助购（取）票以及凭二代身份证、手机二维码等电子凭证自动检票，方便旅客出行。

（3）长三角区域客运联程服务一体化示范工程

以综合交通运输服务示范城市建设为载体，积极推进公路、水路与铁路、民航等多种运输方式的客运联程联运，探索多种运输方式之间的联程售票。加强长三角区域重点综合运输枢纽间的换乘衔接，优化服务功能、创新服务方式。推动城市公交、中短途道路客运班线、高铁、民航在班线、时刻、运力等方面的信息衔接，优化运力配置、运营时间和发车频次，提升客运联程服务整体效能；建立多种运输方式间客票信息共享机制，推动联程运输同一客票凭证（电子或纸质）不同运输方式班次信息的整合，实现公众出行"一票制"；鼓励企业优化运营模式，创新服务内容，满足群众更加丰富多样的出行需求。

（4）综合交通"一卡通"互联互通工程

公共交通"一卡通"互联互通作为一项重要的民生工程，是贯彻落实国家战略的重要抓手。建议以京津冀、长三角和珠三角城市群为试点，开展综合交通"一卡通"互联互通工程，在交通运输部统筹指导和有关部门的支持配合下，研究建立重点区域交通"一卡通"互联互通工作机制，开展区域清分结算平台系统设计，研究制定区域互联互通清分结算业务规则，组建区域交通"一卡通"互联互通清分结算中心；推广应用 IC 卡技术规范，逐步拓宽交通"一卡通"范围，推动城市公交、城际客运、城乡客运、停车服务等纳入交通"一卡通"应用领域，推动区域内主要城市间基本实现交通"一卡通"互联互通。

4）货运服务

（1）面向"一带一路"的多式联运物流信息平台工程

为深入贯彻落实国家"一带一路"倡议，充分发挥连云港新亚欧大陆桥东桥头堡作用和"一带一路"交会点的独特优势，建议开展面向"一带一路"的多式联运物流信息平台工程，以海铁联运为牵引，探索公司化运作及 PPP 融资模式，提升大陆桥国际运输竞争力。支持连云港发挥"一带一路"信息枢纽作用，推进连云港港、海关总署、质检总局、铁路总公司等多式联运业务相关政府部门建立信息共享机制，采用 EDI（电子数据交换）技术在多式联运各参与方的众多异构系统之间实现跨部门、跨区域的数据交换和信息共享。争取中国铁路信息技术中心和新亚欧大陆桥沿线路局实现跨路局的铁路信息资源共享，拓展铁水联运信息系统辐射范围，将应用服务覆盖到中西部陆桥沿线"无水港"，并向中哈国际物流运输合作延伸。以中韩陆海联运、港口甩挂运输以及内河集装箱运输等业务为切入点，逐步推进陆海联运和海河联运。

（2）基于国家物流交换体系的综合运输物流服务应用示范工程

为有效解决企业间、政企间、行业间、地区以及国际间等不同物流信息系统难以互联互通的问题，建议进一步推进交通运输物流公共信息平台发展，按照统一标准加强公路、水路与铁路、民航、邮政、海关、检验检疫等部门物流相关信息系统对接，将国家交通运输物流公共信息平台建设成为四种运输方式对外进行数据交换的统一通道，推动区域间和行业内的相关物流平台实现互联互通和信息共享;鼓励各地区因地制宜推进区域物流信息服务平台建设和互联应用,进一步加快区域物流交换节点建设,实现与国家级节点的互联对接,基本形成全国性物流信息基础交换网络;开展基于国家物流交换体系的综合交通运输物流服务应用示范,依托国家交通运输物流公共信息平台根服务器,建设跨运输方式的综合货运枢纽物流信息交换平台,促进物流信息及时交换。

(3)货运电子运单试点工程

为提高货物运输质量及单证处理效率,建议制定统一的货运电子运单标准,通过国家交通运输物流公共信息平台,实现不同运输主体之间单证数据的及时交换。选择一批信息化发展条件较好的地区,面向集装箱多式联运和危险化学品运输,深化开展货运电子运单试点工程建设,推广统一电子货运单证,推动不同运输主体、不同运输方式之间货运信息的互通共享和业务协同,实现货物状态全程监控、流程实时可查。

7.3.2 统一标准规范

1)标准规范的制定原则

(1)尽快制定统一的综合运输信息互联互通相关标准规范,避免各省(自治区、直辖区)各自开发,造成后续各省(自治区、直辖区)互联互通时标准不统一。

(2)地方已制定的标准,交通运输部可以借鉴;地方没有制定的标准,统一由交通运输部组织制定。

(3)从部级层面与铁路和民航协商统一相关标准规范的制定,方便互联互通。

2)标准规范的制定

(1)编制综合运输信息资源共享目录。在对各运输方式可共享信息资源进行梳理的基础上,编制统一的共享信息目录,并研发综合运输互联互通信息资源目录管理系统,各部门依托部门业务系统建立公共资源库和交换资源库。

(2)建立综合运输信息互联互通技术规范体系。编制数据元、代码、数据类型、数据接口、传输系统技术、桥接系统技术、前置系统技术、管理系统技术、数据格式等技术规范,对综合运输信息互联互通涉及的相关技术内容进行规范。

(3)建立综合运输信息互联互通标准体系。编制综合运输互联互通信息资源标准、综合运输互联互通信息系统建设标准、综合运输互联互通信息服务标准,用于解决共享平台信息资源的整合问题,指导综合运输信息共享平台的建设,规范平台提供的信息服务。

(4)编制综合运输共享信息使用规范。明确数据的使用主体、使用范围、使用方式等,建议采取“只看不控”的原则,除数据提供者外,其他主体只享有查看、使用数据的权利,不能对数据进行修改、更新,谁修改谁承担相应的责任,且不能随意将数据泄露给使用范围外的第三方。

7.3.3 健全体制机制

信息互联互通的前提是业务实现“互联互通”,工作机制没有有效形成,工作不能有效协同,资源不能有效配置,信息互联互通难以取得成效,也难以深入推进。在解决体制机制一些深层次问题的基础上,需要着眼于大交通建设,按照现代综合交通运输体系构架,建立相关工作推进常态化机制,逐步规范完善制度,并通过一定的考核机制督促实施。

7.3.3.1 国家层面

1)推动综合运输信息互联互通制度建设

建议出台加快推进综合运输发展的指导意见,明确交通运输部与部管国家局之间的职责关系和工作运行机制;建立健全综合运输信息互联互通协调机制,推动完善部管国家局与地方交通运输主管部门之间的工作协调机制。

2)启动综合运输相关立法工作

国家层面编制的关于信息共享方面的法律法规是建设综合运输信息资源共享宏观环境的关键。而目前,除了2008年颁布施行的《中华人民共和国政府信息公开条例》对政府信息公开的内容、形式、时间等做出了相关要求外,更多的国家法律法规强调的是政府的保密而非公开,国家立法层面几乎找不到能够真正发挥国家法律应有的强制力从而强力推动综合运输信息资源共享的法律法规。在今后一个时期,应着力加强跨运输领域立法,统筹考虑公路、水路、民航、邮政、城市客运的立法问题,完善铁路、公路、水路、民航、邮政法规的立改废释工作机制。建议在以下几个立法项目上寻求突破:

(1)制定《综合运输促进法》

鉴于我国综合运输体系建设所处的阶段,不同运输方式管理仍涉及多个部门,跨行业运输及其管理仍处于摸索阶段,直接制定实质意义上的《综合运输法》尚不具备条件。但是综合运输体系建设和推进又迫切需要建立一整套纲领性、宏观的、前瞻性的综合交通运输促进和协调法律制度。因此,建议制定《综合运输促进法》,内容包括但不限于:

①我国综合运输发展原则和目标,为我国综合运输发展指明方向;

②综合运输协调机构及其工作机制,建立不同领域和部门的协调机构和工作机制,为综合运输的发展扫清体制障碍、提供机制保障;

③各运输方式的规划、建设项目和运力投放等的协调原则和制度;

④综合交通运输信息服务整合与协调原则,明确综合运输公共信息互联互通的内容、范围、形式等,促进政府公共信息公开;

⑤发展综合运输的激励原则和机制,吸引各方力量,促进经营模式和运输技术创新,共同推动我国综合交通运输的发展。

(2)制定《综合运输枢纽法》

综合交通运输枢纽作为连接不同运输方式主要客货运通道的结点,是综合交通运输基础设施的关键组成部分,其建设运行和管理必须有效整合和协调不同功能、不同部门和不同行业主体的关系,任何单一运输方式的法律制度都难以对其进行规范,需要确立特殊的投资、规划、建设、运行和管理体制机制。建议制定《综合运输枢纽法》,对综合交通运输枢纽设施的建设运行和管理予以规范。

(3)制定《多式联运经营条例》

多式联运业务涉及多种运输方式,其组织模式不同于单一运输方式,活动的范围超出了现有各运输方式范围,当事人之间的关系更为复杂,现有各单一运输方式法律制度规范难以有效规范多式联运活动。建议制定《多式联运经营条例》,根据多式联运的特征,明确界定多式联运经营的内涵,统一运输组织标准规范,促进多式联运发展。

(4)修订《政府采购法》

在综合运输信息互联互通工作推进过程中,可采用政府购买信息或服务的方式实现部分综合运输信息的获取。政府通过购买公共服务为社会提供服务,改变“自产自提供”的做法,既体现政府职能的回归,又能兼顾公平,提高效率。建议修订《政府采购法》,规定政府购买公共服务的程序、内容、经费预算等。各地方根据修订后的《政府采购法》出台实施细则或配套措施。

7.3.3.2 行业层面

厘清交通运输主管部门之间、交通运输主管部门和交通运输企业间以及交通运输企业之间的关系,针对不同的需求明确信息互联互通信息共享共用模式;按照责权利对等的原则,制定互联互通管理制度,明确各方在信息提供和信息使用的权利和义务,确保信息互联互通的实施。

1)部级层面

(1)建立综合运输信息互联互通领导机制

①成立部、省两级交通信息互联共享领导小组,负责组织、协调、指导综合运输信息互联共享的规划实施、相关政策制定、标准体系建立、资金筹措管理等,建立小组成员定期会商机制,定期沟通综合运输信息互联互通工作进展及存在的问题。

②交通运输部与部管国家局签订《综合运输信息资源共享合作框架协议》,明确部管国家局与各级交通运输主管部门的业务关系,建立信息共享协调机制,定期召开部长级会议,解决互联互通过程中存在的问题,提出解决方案。

③在跨部门、跨运输方式之间的信息互联互通方面,加强部级会商与协调,制定制度并签订合作协议或工作备忘录等,省级层面负责按会商确定的合作要求组织推进落实。

④在跨区域的信息互联互通方面,省级层面负责提出需求和实施建议,需要交通运输部予以协调推动的由各省(自治区、直辖区)提请交通运输部支持和统筹。

⑤建立交通运输部与行业社会组织的沟通协调机制。鼓励行业协会密切与铁路、民航、邮政等部门进行配合,建立健全大部门体制框架下的综合运输组织协调机制、运输服务应急保障机制、管理信息共享机制等,对委托行业协会开展的业务活动或提供的服务,政府应支付相应的费用,所需资金纳入预算管理;加强对行业协会工作的指导,将协会纳入政府网络管理,有关会议通知参加,有关文件积极发送,每年召开一次行业协会工作会议,定期检查和部署协会工作,促进协会改革发展;出台涉及行业发展的重大政策措施前,主动听取和征求有关行业协会的意见和建议,鼓励行业协会参与相关法律法规、行业标准、产业政策和发展规划的研究、制定。

(2)建立综合运输信息互联互通管理体制

建立与发展相适应的管理体制,明确管理机构,理顺工作流程。建立信息采集责任制,明确信息供需双方的责任,尤其是明确第一数据源责任单位的职责;完善信息共享协调机制,明确各部门信息资源管理职能,形成统一的信息资源管理体系;建立对信息资源共享的绩效考评。

①制定综合运输信息交换共享管理办法。以综合运输各方主体信息资源充分共享和便捷获取为目标,做好综合运输信息共享的信息资源规划,制定信息资源交换共享规程,明确信息资源采集、登记、注册、加工、储存、交换与发布流程,建立各方主体信息资源交换共享责

任体系和激励约束机制，提高行业信息资源交换共享效率和开发利用水平。

②制定综合运输信息服务管理办法。明确交通出行信息服务、物流信息服务等综合信息服务的市场化政策导向，从服务标准、收费政策、服务主体职责等方面，制定《综合运输公共信息服务管理办法》，为吸纳社会资本全方位参与综合运输信息资源开发利用奠定制度基础，提高各种运输方式各级主管部门所掌握的公共信息资源的增值效益。

③制定信息共享绩效考评管理办法。借鉴国际国内相关经验，制定综合运输信息共享绩效指标体系和绩效评估管理办法，加强对综合运输信息主要提供方信息服务效能的持续跟踪评价；将跟踪评价结果与相关绩效挂钩，形成具有激励约束效力的利益机制，增强相关主体积极推动综合运输信息资源共享的动力。

④制定综合运输政府购买信息服务指导意见。编制并发布《政府购买交通运输公共服务项目目录》，明确购买信息的种类、内容、程序、经费预算等，推动政府购买公共服务常态化、制度化、法制化，逐步实现交通运输公共信息服务供给从政府垄断向公私合作、政府购买、提倡竞争等模式转变；进一步完善相关财政管理制度，主要是根据政府购买服务的特点，完善政府采购、部门预算、投资评审、集中支付、绩效预算等制度，制定相应的规则和程序，为政府购买公共服务提供制度保障；建立第三方机构的监督与评估制度。

2）省级层面

建立业务部门与信息化管理部门共同推进信息互联互通建设的机制，业务部门深度参与信息互联互通全过程，及时对业务管理模式和工作流程进行优化调整。

3）市级层面

建立国家重大节假日等特殊时期枢纽综合运输服务协调机制。加强铁路、民航与公路、轨道、公交、出租等集散交通运输企业之间的信息衔接，以便合理调度安排集散车辆；换乘枢纽关键作业部位监控信息实时共享。

7.4 保障措施

一是加强统筹规划，将综合运输信息互联互通纳入交通运输“十三五”发展规划。将综合运输信息互联互通工作作为推进“四个交通”尤其是“综合交通”战略的重要手段，在交通运输“十三五”发展规划和“十三五”信息化规划中予以明确，提出明确的思路、目标和实施路线，以及相关保障措施。

二是加强信息安全，构建综合运输信息互联互通的安全保障机制。加强信息互联互通安全风险评估，全面落实信息安全等级保护和分级保护制度；编制并实施综合运输信息互联互通安全技术指南，进一步规范互联互通的安全接入，提升互联互通信息安全保障能力。

三是提供资金保障，设立综合运输信息互联互通专项资金。支持政府部门间、政府与社会资本合作推动综合运输信息互联互通的项目，对符合综合运输信息互联互通发展需要，且具有示范作用的信息化项目建设予以资金支持；建立信息化项目建设以奖代补制度，对建成且收到良好应用效果的综合运输信息互联互通项目予以奖励。

参 考 文 献

[1] 康红霞,刘建,王林,等.交通运输信息资源交换共享平台建设和应用[J].交通信息与安全,2011,29(3):116-122.

[2] 杨扬,陈幼林,张锦.基于XML的公共交通信息数据交换研究[J].昆明理工大学学报(理工版),2006,31(2):107-110.

[3] 汪祖云.交通数据中心总体架构与数据共享交换平台的设计研究[J].交通运输系统工程与信息,2008,8(3):23-28.

[4] 焦宝.城市交通信息平台构建的有关问题研究[D].西安:西安建筑科技大学,2010.

[5] 邹宇,黄霖.贵州省交通运输数据中心信息资源规划与数据交换共享平台的设计研究[J].计算机光盘软件与应用,2012(14):21-22.

[6] 文静.浅谈四川交通运输信息资源交换共享平台建设和应用[J].计算机光盘软件与应用,2013(3):17-18.

[7] 鹿应佳.吉林省道路运输信息系统设计[D].长春:吉林大学,2012.

[8] 王辉,张丽.交通科技信息资源共享平台标准规范研究与制定[J].交通信息与安全,2009,27(5):57-60.

[9] 张新宇,罗贤春.基于协同学的电子政务信息资源共享与业务协同的协同模型及其实现[J].图书情报工作,2011,55(1):126-129.

[10] 李阅苗.电子政务信息交换平台的设计与实现[D].北京:北京邮电大学,2011.

[11] 郭晓丽,袁满,朱永国.基于数据元的DRM四层数据共享与交换模型[J].长江大学学报(自然科学版),2009,6(6):235-237.

[12] 周芳.基于元模型的信息资源管理技术研究[D].大庆:东北石油大学,2006.

[13] 郭向阳.基于数据库复制技术的数据交换平台研究与实现[J].计算机与现代化,2011(8):157-159,163.

[14] 闫凤良.城市交通信息共享平台的设计及其信息交换技术的研究[D].北京:北京交通大学,2007.

[15] 张晓钧.基于CWM的元数据管理系统在电子政务中的设计和实现[D].上海:上海交通大学,2012.

[16] 莫赓,钟华,魏峻.一个面向电子政务的信息交换与共享平台的设计与实现[J].计算机应用研究,2007,24(5):156-159.

[17] 马力宏.论政府管理中的条块关系[J].政治学研究,1998(04):71-77.

[18] 交通运输部科学研究院.交通运输信息化建设的发展模式研究[R].2014.

[19] 邱新.行政权运行机制研究——交通大部制改革的视角[J].中山大学研究生学刊(社会科学版),2008(3):79-86.

[20] 周天勇,王长江,王安岭.攻坚:十七大后中国政治体制改革研究报告[M].乌鲁木齐:新疆生产建设兵团出版社,2007.

[21] 陆静.大部制应防止"整而不合,兼而不并"——访北京交通大学运输经济理论与政策研究所常务副所长、经济学博士李红昌[J].运输经理世界,2014(1):65-67.

[22] 荣朝和.交通大部制应尽快转向综合运输政策管理[J].综合运输,2013(10):4-8.

[23] 蔡英辉,刘文静.政府间伙伴关系:超越条块和层级的共同治理[J].燕山大学学报(哲学社会科学版),2013,1(14):61-65.

[24] 马斌.长三角一体化与区域政府合作机制的构建[J].经济前沿,2004(10):15-18.

[25] 唐亚林.从行政分割到区域善治:长江三角洲区域政府合作模式的创新[J].政治与法律,2008(12):7-13.

[26] 交通运输部规划研究院,交通运输部水运科学研究院.“十三五”我国综合交通运输体系发展战略重点及对策研究[R].2014.

[27] 张翔.中国政府部门间协调机制研究[D].天津:南开大学,2013.

[28] 高良英.日本综合运输政策与管理体制研究[D].北京:北京交通大学,2009.

[29] 杨书臣.日本大力推进综合运输体系建设[J].港口经济,2012(1):34-36.

[30] European Union. freightwise-The Project[EB/OL]. http://freightwise. tec-hh. net/. 2015.

[31] European Union. Co-modality-towards optimised integrated chains in freight transport logistics [EB/OL]. https://cordis. europa. eu/project/rcn/85769/factsheet/en. 2017.

[32] The INTEGRITY Consortium. Intermodal Global Door-to-door Container Supply Chain Visibility [EB/OL]. https://ec. europa. eu/docsroom/documents/530/attachments/1/translations/en/renditions/pdf. 2011.

[33] CERTH/HIT Bartholomew-Michael G Vassilantonakis. Background [EB/OL]. http://www. smart-cm. eu/Project/Background. aspx/. 2015.

[34] EMPIRICA GMBH AND TECHNOPOLIS GROUPI N COOPERATION WITH ICONS. Evaluation of the EU initiative on " Stimulating innovation for European enterprises through smart use of ICT" [EB/OL]. https://ec. europa. eu/docsroom/documents/10471/attachments/1/translations/en/renditions/pdf. 2012.

[35] European Commission. Motorways of the Sea [EB/OL]. https://ec. europa. eu/transport/sites/transport/files/themes/infrastructure/news/doc/2015-05-28-coordinator-work-plans/wp_mos_final. pdf. 2015.

[36] All Ways Travelling Consortium. ALL WAYS TRAVELLING [EB/OL]. http://www. allwaystravelling. eu/aboutproject. aspx/. 2015.

[37] European Union. Key results of satellite navigation research under the sixth framework programme [EB/OL]. https://ec. europa. eu/docsroom/documents/1203/attachments/1/translations/en/renditions/pdf. 2010.

[38] European Union. Affordable hybrid cars, bus systems that get people out of cars, "intelligent" cargo and much more: Brussels showcase for smarter and greener transport innovation [EB/OL]. http://europa. eu/rapid/press-release_MEMO-10-239_en. htm. 2010.

[39] 李峰.指导美国未来交通运输事业的“冰茶法案”简介[J].综合运输,1994(8):36-39.

[40] 孔哲,孙相军.综合运输规划评价指标体系研究[J].综合运输,2013,35(7):10-14.

[41] 交通运输部规划研究院.交通运输信息化“十三五”规划初步思路[R].2014.

[42] 袁琳.跨部门政府信息资源共享的机制研究[D].上海:上海社会科学院,2011.

[43] 戴维·奥斯本,特德·盖布勒.改革政府——企业家精神如何改革着公共部门[M].上海:上海译文出版社,1996.

[44] 王名.中国的非政府公共部门[J].中国行政管理,2001(5):34.

[45] 迈克儿·波特,马克·克雷默.企业慈善事业的竞争优势[J].专题·竞争战略.2003,(2):40-55.

[46] 李芜.赞助,回报社会以纯真[J].市场观察,2004(5):35-36.

[47] 王戈平.从一项成功的尝试到联合经营模式[J].陕西水利,2003(4):23.

[48] 王绍光.多元与统一——第三部门国际比较研究[M].浙江:浙江人民出版社,1999.

[49] 孟蕾.英国第三部门与政府合作关系对我国的启示[D].西安:西北大学,2006.

[50] 张霞,张智河,李恒光.非营利组织管理[M].济南:山东人民出版社,2004.

[51] 贾纳·E·赫兹琳杰.非营利组织管理[M].北京:中国人民大学出版社,2000.

[52] 甘峰.中国加入 WTO 与政府改革[M].杭州:浙江大学出版社,2002.

[53] 费娜.交通信息公共服务供给主体多元化发展的研究[D].西安:长安大学,2012.